非行臨床から家庭教育支援へ

ラボラトリー・メソッドを活用した方法論的研究

山本智也【著】YAMAMOTO Tomoya

ナカニシヤ出版

はじめに

　筆者は，13年間，家庭裁判所調査官として多くの少年事件に関与した。そして，非行を犯した子どもや保護者に対する面接などを通して，その原因や背景となる家族の状況について分析し，非行を犯してしまった子どもに対する処遇指針を示してきた。そうした実務経験上，非行に至る背景には乳幼児期からのしつけのあり方をはじめとする保護者の養育態度などが子どもの行動傾向に影響を及ぼし，非行に結びついていることを指摘することが数多くあった。その意味では，乳幼児期からのしつけ，家庭教育の重要性を痛感している。

　しかし，乳幼児期からのしつけ，家庭教育は重要であるが，そのことが非行の原因であるとして力説するだけで良いのだろうかとの疑問も抱いている。

　子どもが思春期を迎え，様々な問題行動を起こしてしまえば，子どもがあからさまに表明するか否かは別にして，ややもすれば，親が自分をきちんと養育してこなかったからだという見方を取りがちである。しかし，問題行動を起こした子ども自身やその家族がこの見方を取るとどうなるだろうか。そこでは，子どもは自己の問題行動は親の問題だとして責任転嫁し，自らの問題点から目をそむけてしまう。また，親は自分の問題として抱え込みすぎた末に，子どもの立ち直りへの期待を放棄してしまう。そのため，子どもと親とが共に立ち直っていく姿勢を取れず，子どもの問題行動がますますエスカレートしてしまう。こうした悪循環に直面すると，単に乳幼児期からのしつけ，家庭教育の重要性を力説するだけでは何も解決しないという認識を持つ。さらに，非行を犯した少年の立ち直りを支援することを通して，最終的に子どもが戻っていくのは家庭に他ならないという認識を強くした。それ故に非行少年に対する処遇と並行して，家族が子どもとの関係をどのようにしたいと考えているのか，どのようにして親子関係の改善を図るかについての方針を明らかにしていくことが子どもの立ち直りにとってはきわめて重要なことである。

　こうした問題意識に立つと，非行という問題行動に直面した家族が，いかにして

問題行動から立ち直るのかということが重要になってくる。すなわち，子どもへのしつけを，子どもの非行などの問題行動を予防するためのものとしてのみとらえるだけでなく，子どもの問題行動が生じた後の対応として家庭教育のあり方を考えることが重要である。

さらに，もう少し広く家庭教育支援をとらえると，子どもをめぐる問題の深刻化を背景に，家庭教育をどう支援していくかが，教育行政の中での大きな課題となってきている。そこでは，子育てを担っている保護者への教育的な支援の充実強化が図られようとしている。このことは，これまで学校教育中心に取られていた教育のあり方に変化をもたらすものである。その意味では一定の評価はしてもよいだろう。しかし，今日の家庭教育支援の充実強化の方向の問題点は，その目標としてあるべき家族像を定位し，そこへ向けた支援を行うという方向性を持っていることであると考える。

これからの家庭教育支援は，個々の家族を「あるべき家族像」に集約するための支援ではなく，個々の家族が個々の「よりよき家族像」を見定め，そこへ向けた個別的な教育支援を行うことが必要ではないだろうか。こうしたことを念頭に置きながら，本書では，我が国における非行動向を踏まえた上で，非行臨床における家族支援をより具体的に明らかにすることから出発し，こうした支援のあり方や方法論を，非行少年とその親への指導・支援だけに止まらず，現状では特に問題が深刻化していない家族に対する教育的な支援を行う際にも広く家庭教育支援においても活用していくことが可能ではないかということを明らかにしようとするものである。

その中でも，家庭教育支援を具体的にどう展開していくのかという点に注目し，対人関係的な成長を促す教育支援の方法論として，ラボラトリー・メソッドによる体験学習法の方法論を用いた家庭教育支援の基本的な考え方や実践事例を取り上げたのである。

本書は，2002年度武庫川女子大学臨床教育学研究科学位請求論文『ラボラトリー・メソッドを活用した家庭教育支援の方法論』（主査　白石大介，副査　新堀通也，河合優年，倉石哲也）に基づき，加筆修正を行った上で，公刊するに至ったものである。

なお，公刊するにあたり，題名を『非行臨床から家庭教育支援へ―ラボラトリ

ー・メソッドを活用した方法論的研究—』というように改めた。これは，非行臨床における実践を家庭教育支援につなげるというニュアンスをより強調したかったことによるが，本書で明らかにした家庭教育支援のあり方や方法論が，これからの家庭教育支援研究において，何らかの役割を得られるとすれば，望外の喜びである。

　なお，本書の出版に際しては，平成16（2004）年度京都ノートルダム女子大学研究プロジェクト助成による出版助成金の交付を受けた。

目　次

はじめに　*i*

第1章　現代社会における家庭教育支援研究の意義 …………… 1
第1節　現代社会における家族の状況　*1*
第2節　家庭教育支援を考える意義　*8*
第3節　家庭教育支援に関する用語の整理と定義　*13*

第2章　少年非行が示す家族の課題 ……………………………… 19
第1節　非行動向が示す子どもの状況　*19*
第2節　非行事例から見る子どもの課題　*25*
第3節　子どもを取りまく家族の課題　*36*

第3章　非行臨床における家族支援 ……………………………… 41
第1節　非行事例が示す家族支援の有効性　*42*
第2節　非行臨床における親への教育的支援活動　*52*

第4章　家庭教育支援 ……………………………………………… 61
第1節　家庭教育支援の展開及び動向　*61*
第2節　家族臨床と家庭教育支援　*74*
第3節　支援対象としての家庭教育　*80*

第5章　家庭教育支援の方法論としてのラボラトリー・メソッド …… 93
第1節　ラボラトリー・メソッドによる人間関係トレーニング　*94*

第2節　教育方法としてのラボラトリー・メソッドの位置づけ　*109*
　第3節　ラボラトリー・メソッドの方法論としての体験学習法　*122*

第6章　ラボラトリー・メソッドを活用した家庭教育支援実践 ……… *145*
　第1節　ラボラトリー・メソッドを用いたコミュニケーション・トレーニング　*145*
　第2節　社会教育における家庭教育支援の実践　*156*
　第3節　学校教育の場での実践例　*164*

第7章　家庭教育支援の課題 ……………………………………… *179*
　第1節　家庭教育支援の対象となりにくい人への支援をめぐって　*179*
　第2節　家庭教育支援者養成の必要性　*182*

お わ り に　*191*
参 考 文 献　*197*
索　　　引　*203*

第1章

現代社会における家庭教育支援研究の意義

第1節　現代社会における家族の状況

1. 非行と家族

　我が国では，1997（平成9）年に神戸市で起こった中学3年生（当時）男子による児童連続殺傷事件をはじめとして，1998年（平成10）年に黒磯市での男子中学1年生による中学校教師刺殺事件など，凶悪，重大な少年事件が発生した。こうした状況の中で，非行の低年齢化，深刻化が著しいとマスコミなどでも大きく取り上げられた。さらに，2000（平成12）年には，いわゆるバスジャック事件を起こした少年，「人を殺すとどういう気持ちになるのか体験したかった」と主婦を殺害した少年，農村部で一家6人を殺傷した少年，いずれも犯行当時17歳だったことから「17歳問題」として騒がれた。

　このように社会の耳目を集める事件が起こるたびに，犯行に至った少年の生育歴や家族関係に対して注目が集まってきている。ここで，内閣府大臣官房政府広報室が2001（平成13）年11月に行った「少年非行問題等に関する世論調査」[1]にあった，「非行の大きな原因は何か」という問い（複数回答）に対する回答結果を見る（図1-1）。

　そこでは，「家庭環境」をその原因とした人が，20歳未満の人のうち63.5％，20歳以上の人のうち74.3％を占める結果となった。この結果はその他の選択肢である「本人自身の性格や資質」，「社会環境（社会の風潮，政治など）」，「友人環境」，「地域社会（地域住民同士の交流のなさなど）」，「学校生活」といった他の原因を大きく引き離した数値となっている。つまり，国民の認識として，非行の原因として

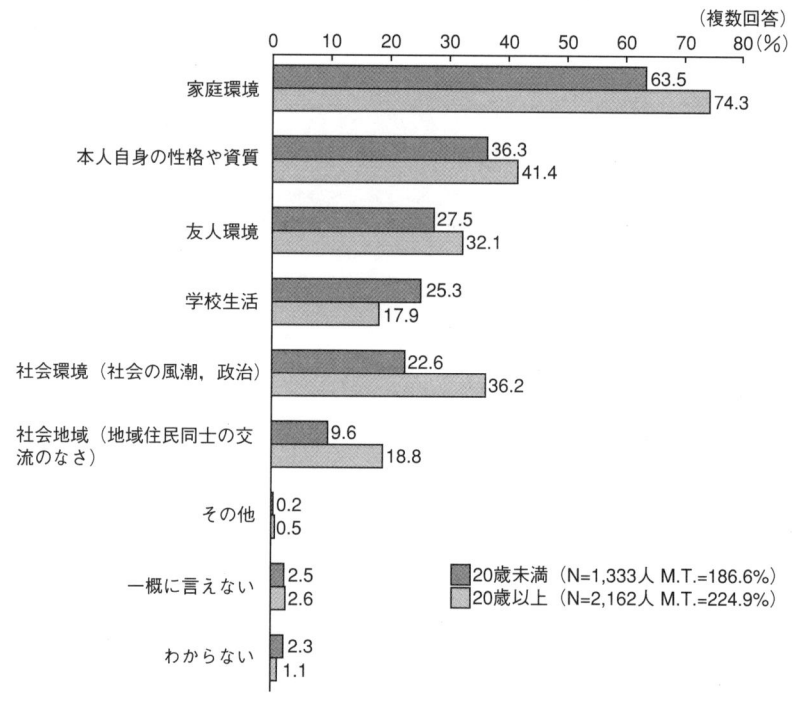

図1-1 非行の大きな原因
出典 内閣府大臣官房政府広報室「少年非行問題等に関する世論調査」2001（平成13）年11月調査

の家庭環境のあり方が問われている現状を示していると言えよう。なお，「家庭環境」が最も大きな原因とする結果は，1989（平成元）年の調査でも同じく第一位を占めている。しかし，20歳以上の人について見ると「本人自身の性格や資質」が大きな原因であるとしたものは，1989年の時点で44.6％であるが，2001年の時点で41.4％と減少している。同様に，「友人環境」が大きな原因であるとしたものは，1989年の時点で39.2％であるが，2001年の時点で32.1％と減少している。つまり，家庭が原因であるというものだけが一貫して上位を占めているにもかかわらず，他の要因は減少しているということから，非行と家庭とが関連するという認識はより強まっていると考えられる。

さらに，この家庭環境の問題点をどのようにとらえているかについて，世論調査の結果を見ていきたい。以下は，総理府広報室が1998年4月に行った「青少年の

第1節　現代社会における家族の状況　3

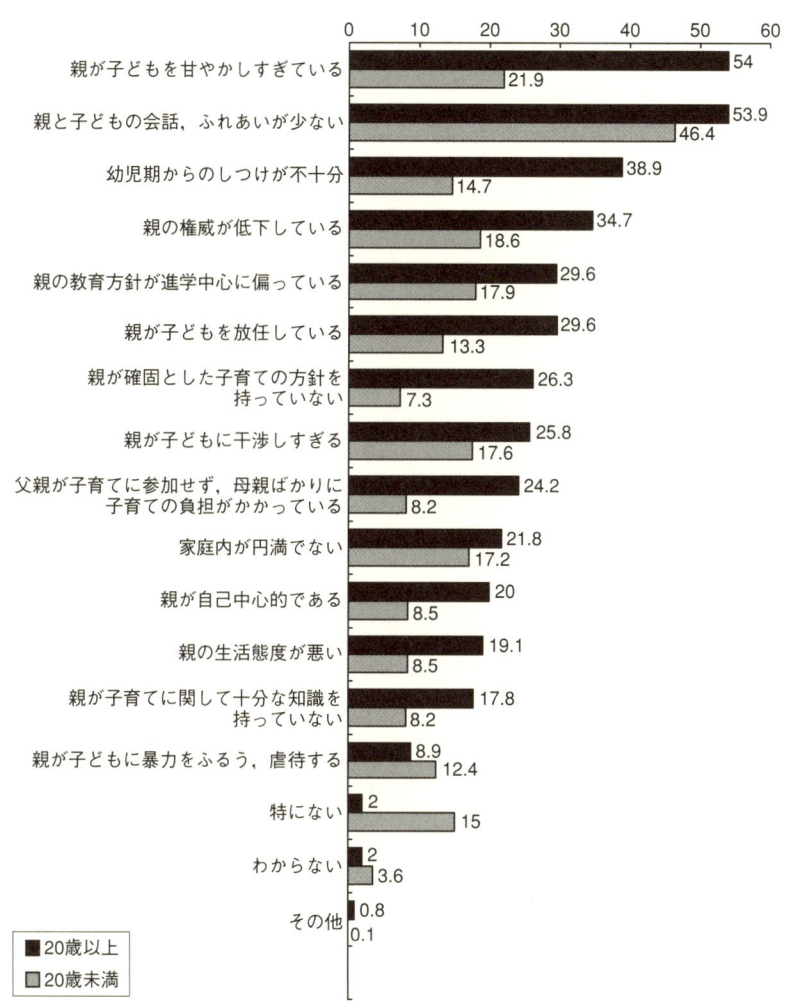

図1-2　青少年の問題行動に関する家庭の問題行動（複数回答）
出典　総理府広報室「青少年の非行等問題行動に関する世論調査」1998（平成10）年4月

問題行動に関する世論調査」の結果である[2]。この世論調査は先の調査の3年前に実施されたものであるが，家庭環境の問題の具体的な内容が示されているので紹介する（図1-2）。これは，青少年の問題行動に関し，家庭について問題だと思う点を尋ねた（複数回答）ものである。この結果，年齢を問わず，「親と子どもの会話，

ふれあいが少ない」を問題点に挙げたものが多くなっている。なお，20歳以上の人では，「親が子どもを甘やかしすぎている」という問題点を挙げた人が「親と子どもの会話，ふれあいが少ない」をわずか0.1％上回っている。それ以外の項目では，20歳未満の者と20歳以上の者で比率が異なるものもあるが，「親と子どもの会話，ふれあいが少ない」という回答が突出した結果となっている。

このように年代を問わず，「親と子どもの会話，ふれあいが少ない」という見方が家庭環境の大きな問題であるとの結果となっている。これに対して，「親が子育てに関して十分な知識を持っていない」ということを問題としたのは，20歳以上の者でも17.8％に止まっている。

この世論調査の結果から見ても，現代家族の問題は，親が子育てに関する知識が不足しているという見方ではなく，家族内でのコミュニケーションのあり方，さらには家族の関係性のあり方そのものが問われていると言うことができるだろう。

2. 少子化と家庭教育

さて，これまで述べてきた家族の関係性のあり方に影響を与えているものの一つとして，少子化現象が挙げられることが多い。2000年，文部省中央教育審議会は，「少子化と教育について（中央教育審議会　報告）」を答申した[3]。この答申では，少子化が教育に及ぼす影響として，「子ども同士の切磋琢磨の機会が減少すること，親の子どもに対する過保護・過干渉を招きやすくなること，子育てについての経験や知恵の伝承・共有が困難になること，学校や地域において一定規模の集団を前提とした教育活動やその他の活動（学校行事や部活動，地域における伝統行事等）が成立しにくくなること，良い意味での競争心が希薄になること」などが考えられるとしている。この指摘は，核家族化や都市化，情報化など，様々な要因が絡み合っており，また，地域によっても異なっていることに留意する必要があるとしているものの，少子化が家庭教育に大きな影響を及ぼしているものととらえている。

図1-3は我が国における出生数及び合計特殊出生率を示したものである。一般に合計特殊出生率が2.08を下回ると少子化が進んでいるものと見ることができるが，1974（昭和49）年に2.05となって以来，一貫して2.08を下回り，1989年には1.57となった。これは，それまでの最低であった，1966（昭和41）年（この年はひのえ午と言われ，火災が多く，また女性は縁談に恵まれにくいなどという言い伝えが

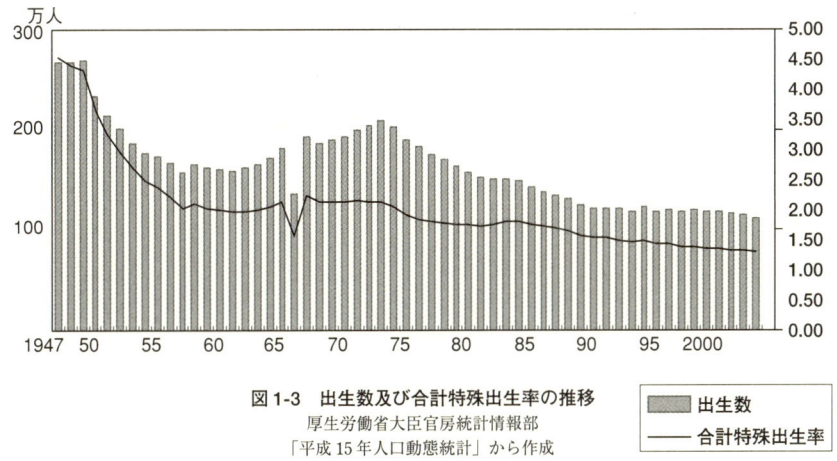

図1-3　出生数及び合計特殊出生率の推移
厚生労働省大臣官房統計情報部
「平成15年人口動態統計」から作成

ある）の1.58を下回り，「1.57ショック」として少子化問題が大きく取りざたされるようになった。

　そして，この「1.57ショック」を受け，1994（平成6）年，エンゼルプランが策定された。これは，少子化時代において，子どもを安心とゆとりを持って生み育てることのできるように，教育，労働，住宅の面での条件整備などをもりこんだ政府の子育て支援総合計画である。このエンゼルプランでは，①子育てと仕事の両立支援推進，②家庭における子育て支援，③子育てのための住宅及び生活環境の整備，④ゆとりある教育の実現と健全育成の推進，⑤子育てにかかる費用の軽減という五つの基本的方向を示し，少子化に歯止めをかけようとしていた。しかし，その後，合計特殊出生率はさらに減少し，2003（平成15）年には，1.29にまで低下している。この傾向に対して，政府としても1999（平成11）年12月19日に「重点的に推進すべき少子化対策の具体的実施計画について（新エンゼルプラン）」を策定した。その主な内容は，①保育サービス等子育て支援サービスの充実，②仕事と子育ての両立のための雇用環境の整備，③働き方についての固定的な性別役割分業や職場優先の企業風土の是正，④母子保健医療体制の整備，⑤地域で子どもを育てる教育環境の整備，⑥子どもたちがのびのび育つ教育環境の実現，⑦教育に伴う経済的負担の軽減，⑧住まいづくりやまちづくりによる子育ての支援というものである。

　さて，この少子化が今後どのような影響を及ぼすのだろうか。ここで，そのヒン

トとして，中国のいわゆる一人っ子政策の影響を取り上げてみよう。若林敬子は，中国において，一人っ子政策によって生じた，一人の子どもに両親が二人，祖父母が四人という世代間の構成によって生じた問題が「四二一総合症」と呼ばれていると指摘し，扶養の問題や，子どもが一家の「小皇帝」と呼ばれ，極端に甘やかされて育つなどの問題が，将来に影を落とし，深刻な問題となっていると紹介している[4]。我が国においてもこの少子化傾向が強まることで，子どもが「小皇帝」化し，他者との関わりを持てない子どもが増加していることが，今日の家庭の大きな問題と指摘されることも少なくない。しかし，我が国の子どもを取りまく状況の変化は，少子化と単純に結びついているものではない。

このことを示すのが，国立社会保障・人口問題研究所が2002（平成14）年に行った第12回出生動向基本調査（結婚と出産に関する全国調査 夫婦調査の結果概要）である。高橋重郷は1992（平成4）年に行った第10回出生動向基本調査をもとにして，結婚した夫婦は子どもを2人か3人産んでおり，また子どもを持たないディンクス夫婦の増加も調査結果からは見られないとしている[5]が，この高橋が根拠とした調査から10年経過した第12回出生動向基本調査においても，その傾向に大きな変化はない。すなわち，きょうだい数について検討してみると，夫婦の完結

表1-1　夫婦の完結出生児数の推移

（1940年～2002年）

調査（調査年次）	（完結出生児数）
第 1 回調査（1940年）	4.27人
第 2 回調査（1952年）	3.50
第 3 回調査（1957年）	3.60
第 4 回調査（1962年）	2.83
第 5 回調査（1967年）	2.65
第 6 回調査（1972年）	2.20
第 7 回調査（1977年）	2.19
第 8 回調査（1982年）	2.23
第 9 回調査（1987年）	2.19
第10回調査（1992年）	2.21
第11回調査（1997年）	2.21
第12回調査（2002年）	2.23

注：結婚持続期間15～19年の初婚どうしの夫婦
　（出生子ども数不詳を除く）について

出典　国立社会保障・人口問題研究所『第12回出生動向基本調査・結婚と出産に関する全国調査 夫婦調査』

表1-2 夫婦の出生子ども数の分布

調査（調査年次）	0人	1人	2人	3人	4人以上	平均	（標本数）
第 7 回調査（1977年）	3.0 %	10.8	56.9	24.1	5.1	2.19人	(1,426)
第 8 回調査（1982年）	3.2	9.2	55.6	27.3	4.9	2.23	(1,421)
第 9 回調査（1987年）	2.8	9.7	57.6	25.9	3.8	2.19	(1,760)
第10回調査（1992年）	3.1	9.3	56.3	26.5	4.8	2.21	(1,850)
第11回調査（1997年）	3.7	9.8	53.6	27.9	5.0	2.21	(1,334)
第12回調査（2002年）	3.4	8.9	53.2	30.2	4.2	2.23	(1,257)

出典 国立社会保障・人口問題研究所『第12回出生動向基本調査 結婚と出産に関する全国調査 夫婦調査』

　出生児数（これ以上子どもを生む可能性がほとんどなくなった時点における夫婦集団の平均出生児数：具体的には結婚持続期間15〜19年の夫婦の平均出生児数）は，1972（昭和47）年以後ほぼ2.2人として安定している（表1-1）。また，同調査によれば，夫婦の8割が2〜3人の子どもを産み，無子夫婦割合はほぼ3％台で推移していることは，1977（昭和52）年の調査から変化はないし，子どもの数が1人の夫婦の割合も9％前後を推移しており，大きな変化はない（表1-2）。この結果から見ると，現在の少子化は，夫婦の出産数が減少したのではなく，晩婚化や未婚女性の増加が少子化に結びついているものと結論づけることができるだろう。

　こうした結果から分かるのは，我が国における子どもを取り巻く状況の変化は，単にきょうだいの数の多寡といったいわばハード面での変化によるものではなく，家族メンバー相互のコミュニケーションのあり方といったソフト面での変化によるものなのではないかと推測することができる。その意味でも，今日の家庭における教育のあり方にとって重要なのは，家族の構造だけではなく，家族メンバー一人一人がどのように他者と関わりを持つのかというようにコミュニケーションの具体的，質的な内容が問われているのではないだろうか。そして，親への教育的支援のあり方も，こうしたソフト面での支援が不可欠な要素ではないかと考える。そして，こうしたソフト面での親に対する支援は，現状に様々な問題があるとされる家族を対象にしたものに止まらず，現在問題に直面していない家族であっても，重要な課題となってくるものと考える。

第2節　家庭教育支援を考える意義

　教育の原点は家庭であることを自覚する。これは，2000（平成12）年12月22日に出された教育改革国民会議報告で出された教育を変える17の提案のうち最初の提案である。この言葉に象徴されるように家庭の教育力をいかに高めていくかということが今日的な課題となってきているのである。

　ここで明確にしたいのは，教育の原点としての家庭自体の機能が，少子高齢社会の到来，価値観の多様化といった時代背景の中で，大きく変化しつつある中で，教育の原点が家庭であるといっても，それを伝統的な価値観のもとでの旧来の家庭へ復旧させるということは考えられないということである。すなわち，教育の原点としての家庭というのは，様々な問題を抱えながらも現実の営みを続けている「いま，ここ」(here & now) での家庭であるという視点に立つ必要があるということである。

　これまでの家庭教育研究では，どのように子どもと接すればよいのか，望ましい親とは何かといった家庭教育のあり方を示す家庭教育論は枚挙にいとまがなかった。しかし，家庭教育学として体系化されたものが構築されているわけではない。これまでの家庭教育の研究では，親が子育ての過程で直面する種々の疑問に対応するため，あるいは子どもの問題行動を予防するために，親としてなすべきことは何か，子育てに必要な予備知識として，子どものそれぞれの段階における発達課題は何か，子どもの問題行動の状況やその対処方法などについて，理論化することが重視されていた。つまり，子育てについての普遍的な理論が重視され，それを個々の家族に当てはめていくという方向性を持っていた。これは，そうした知識の前提となっているのが具体的な事例の積み重ねであったとしても，普遍を明らかにするという展開方法を志向していたものといえよう。

　しかし，こうした普遍的な理論は，「いま，ここ」での営みの中にいる家族にとっては，概念として理解したとしても，それを現実の家族関係の中で具体的に行動する指針とはなりえない。そこで，普遍的な理論を個々の家族に適用するのではなく，個々の家族が「いま，ここ」にある自らの状況，すなわち家族の情緒的な関係性がどのようにあるのかということを見極めることに焦点を当てる必要があると考える。

　その意味で，家庭教育学として必要なことは，個々の家族がどのような関わり合

いを持っているのか，家族がどのように成長していくことを望んでいるのかなどという関係的な視点から出発し，家族の中で，どのような現象が起こっているのか，そして起こっている現象に対して，どのように理解するのか，理解したことをもとにどのように教育的な働きかけを行うのかというように，現象的，個別的，具体的な視点から出発していくというものであり，実存する個から出発する展開方法を志向していくことではないかと考える。

　つまり，本研究における家庭教育とは，「いま，ここ」にある家族の状況を知り，そこから具体的に行動するために，家庭教育の担い手とされる親自身が自らの関係性に気づくことを目標とする。そして，その担い手である親を教育的に支援することを本研究では家庭教育支援という概念を用いて考える。

　この家庭教育支援という概念には，臨床教育学の視点を取り入れている。河合隼雄は，新しい教育学研究のあり方として，臨床教育学という学問領域を明らかにしてきた[6]。この臨床というのは，「床に臨むこと，すなわち病人の床のそばに行くこと。転じて実際に病人を診察・治療すること」という意味である。すなわち，臨床教育学は，現実から出発し，具体的な問題解決を志向するものである。河合も，臨床教育学は，子どもの問題行動に直面した教師，親，家族たちが教育をめぐる現実の問題にいかに対処するのかという臨床心理学の要請から出発し，そうした問題に対して，自分自身が積極的に主観的に関わっていった現象をどこかの地点で客観化したり，そこから得られた知見を体系化し，他に示して批判を仰ぐという，個から普遍への方向性を持った，きわめて実際的なことと関連するという特徴を持っているとしている。そして，生命を持った人間ということが研究対象として考えられる限り，それは〈もの〉を対象として発展した近代科学とは異なる研究方法を必要とすると述べている[7]。このように，現象の中に生き，「個」，そして「個と個が関わり合う関係」に注目するアプローチを臨床教育学の方法論として強調している。

　また，皆藤章は，臨床教育学とは，人間が生きることに関わる領域であり，「いかに生きるのか」を中心テーマとする学問である[8]としているが，こうした河合や皆藤の臨床教育学の考え方は，教育に対して，人間の実際的な営みとしてのダイナミズムを与えるものであると言えよう。こうした臨床教育学の考え方は，これまで筆者が述べてきた関わり，現象，気づきというキーワードに代表される家庭教育支援の考え方に対して大きな示唆を与えるものである。すなわち，家族という人間集

団の関わりの中で，家族の一人一人が「いかに生きるのか」という命題に取り組んでいくのかということを明らかにしていくことが家庭教育の中心テーマとなることを示している。

さらに，鷲田清一が臨床ということを哲学の領域で展開していることに注目してみた[9]。鷲田は，社会の「現場」に臨んだ哲学のあり方を意味するものとして臨床哲学を構想し，この臨床哲学と既存の哲学との差異を次の三つの点にまとめている。

第一に，書くこと，語ることとしての哲学ではなく，聴くという営みとしての哲学を模索する。自らの言葉を語りだすのでなく，むしろ他者の言葉を迎え入れ，受けとめる行為，そういう意味での聴くという受動的な行為がもつポジティヴな力に賭けるということである。

第二に臨床哲学は，だれかある特定の他者に向かってという，単独性ないしは特異性の感覚を重視する。つまり，匿名の普遍的な読者に対してではなく，だれかある個別の人に向かってするような思考である。それは一般的規則の一例（イグザンプル）を問題にするのではなくて，個々の特殊な場面（ケース）に関わろうとするのである。

第三に臨床哲学は，あらかじめ所有している原則を前提とし，それに一致または整合するかどうかでものごとを分類・評価するのではなくて，むしろそういう一般的原則が一個の事例（ケース）によって揺さぶられ，場合によっては崩される経験として，哲学の経験をとらえる。

語るのではなく聴くということ，個別のケースに関わるアプローチを志向すること，一般的原則が事例によって揺さぶられる経験としての臨床哲学の概念を当てはめて，臨床教育学の視点に立った家庭教育支援の指向性を明らかにすると次のようになる。すなわち，家庭教育支援というのは，個々の家族がどのような関わり合いを持っているのか，家族がどのように成長していくことを望んでいるのかなどという関係性に視点を置く。そして，家族の中で，どのような現象が起こっているのか，そして起こっている現象をどのように理解するのかを明らかにする。さらに，そこで理解したことに対して必要な教育的な働きかけを検討する。このように，現象的，個別的，具体的な視点から出発していくというものであり，実存する個から出発する展開方法を志向しているということである。

このように，臨床という視点で家庭教育学をとらえると，家族成員間における「いま，ここ」での関係性に気づくことが重要になっていることが分かる。そこで，本研究では，家族成員間の「いま，ここ」での関係性に対する気づきを促進するために有効な教育方法を提起することを目的とした。

そのために，「いま，ここ」での関係性に気づくことを目標として，対人関係訓練を行う教育方法としてラボラトリー・メソッドというものに焦点を当てることとした。このラボラトリー・メソッドとは，学習者自身が，学習場面での他者との「いま，ここ」での体験を通じて，他者との関係性に気づくことを促進することを目指したものである。これは，先に述べた臨床家庭教育学の目標にも合致するものであり，その有効性を明らかにすることができると考えた[10]。

そうした視点に立ち，具体的には次のような命題を明らかにしようと考える。
①家族のコミュニケーションはいまどのような状況に置かれているのか。それは子どもの成長，発達にとっていかに関係しているのか。
②問題を抱えている家族に対する有効な支援とはいかなるものか。
③ここで明らかになった有効な支援のあり方が家庭教育学の中でどのように位置づけられるものなのか。
④家庭の教育力向上のための有効な方法論として，ラボラトリー・メソッドは有効であるか。
⑤家族のコミュニケーション能力向上のためには，特に親の世代がどのように学んでいくことが必要なのか。

教育は学校教育のみではない。しかし，これまでの教育学研究は，主として学校教育に関するものであったと言ってもいいだろう。家庭教育，そして家庭教育支援に関する研究はまだ緒に就いたばかりである。その意味からも，本研究では家庭教育について，特にその教育方法論に焦点を当てたものとしての独自性があると考えている。

そして，本研究では，こうした命題を明らかにするために，大きく分けて三つの方法から迫ることとした。

①臨床事例研究
　家庭教育における課題を明らかにするために，少年非行の事例を取り上げ，そこ

での家庭教育上の課題を見出す。

②文献研究

臨床家庭教育学の概念構築のために，家族心理学，家族福祉学の動向を踏まえつつ，教育学としての家族支援の考え方を明らかにする。

さらに，家庭教育の方法論として，ラボラトリー・メソッドの理論的背景についても明らかにする。

③教育実践研究

家庭教育・子育て支援活動として，実施してきた種々の活動の実践を取り上げ，その実践の意味や有効性などを明らかにする。

以上のように，本研究では，統計処理を用いた調査研究は行わず，事例研究として，いくつかの少年の非行事例を取り上げ，当該少年の生活歴，家族関係，性格・行動傾向，そして非行から立ち上がるプロセスなどを分析することを通して，家庭教育のあり方を考察する方法を選択した。

吉村浩一によると，事例研究法については，①小標本，②定性的データ中心，③事後研究，④被験者主導型研究といった点で科学的観点から批判されるようになったと言われる[11]が，本研究で事例研究法を選択した理由は次のことによる。

本研究で取り上げる事例は少数の事例であるが，少数事例について多面的に考察することを通して，個別的，具体的な課題が明らかになると考えたからである。すなわち，現実の個々の家族に起こった様々な事象を理解し，どのように教育的な働きかけを行っていくのかを検討するプロセスを通して，現象的，個別的，具体的な視点から出発していく視点を明らかにしていくのである。そして，この方法論は，中村雄二郎が「臨床の知」という言葉を用いて「個々の場所や時間の中で，対象の多義性を十分考慮に入れながら，それとの交流の中で事象を捉える方法である」[12]として提唱したものであり，臨床家庭教育学としての研究方法として最適であると考えたのである。

以上のようなことから，本研究では，家庭教育の課題を明確化するために，いくつかの事例を取り上げた。

ところで，ここで取り上げる事例は，筆者が家庭裁判所調査官として関与した少年事件を素材としていたものである。この少年事件の事例から，家庭教育支援の課

題を明らかにしているのだが，当然ながら，プライバシー保護の観点から，事例の性質を変えない範囲内で，修正を加え複数の事例を再構成したものである。この点に関連するのであるが，事例研究として見ると，詳細な当事者の状況の陳述を欠いた状態で筆者の評価という形で記載している箇所も多くなっている。これは，筆者が前述したプライバシー保護を念頭に置いたものである上，既に筆者が家庭裁判所調査官から退職しており，具体的な事例に関する記録は廃棄した状態で記載していることによるものである。そのため，ここで取り上げた事例は，筆者が担当した事例に関する記憶の範囲に止まるものである。こうした状況から，事例の性質は本来の事例とは何ら変わるところはないが，詳述することが困難かつ相当ではない状況にあるのである。しかし，こうした制約があり，具体的な当事者の言動などのデータをある程度欠くことを理由に事例を取り上げないということをあえて選択しなかったのである。それは，本研究で少年事件から見た家庭教育支援の課題を浮き彫りにすることによって，観念，思想の世界だけで家庭教育支援を考えるのではなく，具体的に家庭教育支援の方向性を示すことが本研究の大きな意義であると考えたのである。

第3節　家庭教育支援に関する用語の整理と定義

　ここで，本論に入る前にキーワードとなる用語の定義と説明を行っておく。

1. 家族と家庭

　本研究の主題は家庭教育支援における方法論を明らかにするものである。家庭教育支援とは何かという命題は，第4章において明らかにすることとするが，本題に入る前に，教育的な支援の対象とする家庭，そして家族とは何かということについて明らかにしておきたい。

　まず，一般的な言葉としてどのようにとらえられているかについて，広辞苑（第五版）[13]を見てみよう。ここでは，家庭とは「夫婦・親子など家族が一緒に生活する集まり。また，家族が生活する所」とあり，家族とは「夫婦の配偶関係や親子・兄弟などの血縁関係によって結ばれた親族関係を基礎にして成立する小集団。社会構成の基本単位」とある。この両者を比べると，家庭の項目にあるように「家族が

生活する所」が家庭であるということが分かる。つまり，家庭は家族メンバーが構成する場というように認識されていることが分かる。また，この家族と家庭の項目に共通するのは，夫婦，親子，きょうだいといった血縁関係によって結ばれたものを中心にとらえていることも分かる。

この血縁関係によって結ばれたものという概念は，家族の定義として比較的多く用いられる「家族とは，夫婦・親子・きょうだいなど少数の近親者を主要な構成員とし，成員相互の深い感情的包絡で結ばれた，第一次的な福祉追求の集団である[14]」という森岡清美の定義にも共通するものである。

しかし，「家族」と「家庭」について概念を明確に区別することを明らかにした飯田哲也は，この森岡の定義について，「現にある家族について整理する以前に『家族』の定義のイメージがあるとしか考えられない[15]」として批判している。その上で，飯田は「家族とは，血縁または婚姻などのエロス的契機と生活での共存によって結ばれ，その結びつきが社会的に承認されている人々によって構成され，客観的には社会の必要性にたいして主観的には構成員の必要性に応じて，生産主体としての人間の生産に関わる人間的諸活動が意識的かつ無意識的に行われる人間生活の日常的単位であって，程度の差はあれエロス的関係という認識がそこでの人間関係を特徴づけている[16]」と定義づけている。その前提として，家族生活存立には次の二大基本条件があるとする。まず第一に物質的条件。これは，飲食・住・衣その他の生活必需品の確保を意味する。そして，家庭内での生活活動。これは，炊事・洗濯・掃除・買い物・その他の必要活動（家事）と子育てである。この二つの条件があれば当事者の意識にかかわらず客観的に家族であるとしている。

その上で，飯田は，家庭について，「家庭とは理念としての家族である[17]」として，家庭が主観に大きく左右されるものであると定義づけている。つまり，飯田によれば，家族は理念としてではなく，現実にある家族全てを包括するものとして，そして家庭は理念としての家族であるという区別を設けているのである。

この現実と理念とを区別してとらえることは本研究においても念頭においておきたい視点である。

そこで，本研究では，第2章，第3章において現実の「家族」の状況を少年非行という切り口から明らかにすることとしたのである。そして，個々の家族が非行という問題状況を克服する営みをいかに支援するのか，そして，その支援の意義を明

らかにしたのである。その上で、第4章で「家庭」に対する教育支援の理念を明確にし、第5章以降に具体的な教育支援の方法論を明らかにしたのである。

2. 家庭教育支援と家庭教育

本研究では、家庭教育支援ということに焦点を当てている。第4章では支援対象としての家庭教育とは何かという点について詳述しているが、論を進めるにあたって、家庭教育支援と家庭教育とをどのように関係づけてとらえているかを明らかにしておきたい。

図1-4は、家庭教育支援と家庭教育との関係を図式化したものである。ここで示しているように、家庭教育とは個々の家庭において親（もしくは代行者）が子どもに対して行う教育的な営みを示している。ただし、ここでとらえた家庭教育の定義はこの図式化のために第4章で示した「両親もしくはその代行者と子どもとの関わりをはじめとする家族成員間の関わりの中で、そこに生起している現象の教育的な意味に気づき、対人関係的な成長を促すための教育的な働きかけ」とは異なっているが、家庭教育支援との違いを明示するためにあえて簡略化してとらえたものである。

これに対して、家庭教育支援とは、個々の家庭教育の営みに対して支援するもの

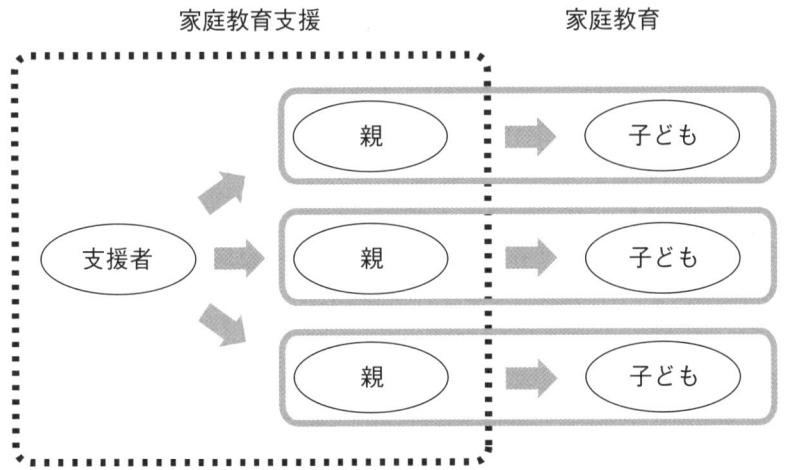

図1-4　家庭教育支援と家庭教育との関係

であり，その主体は支援者なのである。

「家庭の教育力の低下」といった指摘がなされることが多いが，それは家庭教育の問題を指摘しているものであろう。しかし，そのように指摘するだけに止まるのではなく，家庭教育の担い手である親に対していかに支援していくのかを考えることが今日的な課題なのではないかと考えている。

3. 援助と支援

さて，これまで家庭教育支援という言葉を用いてきたが，ここで支援をどのようにとらえているのかという点について，援助と比較する形で明確にしておきたい。

辞書的な意味では，広辞苑（第五版）[18]によれば，支援とは，「ささえ助けること。援助すること」とあり，援助とは「たすけること。助勢」とあり，ほぼ同義語として取り扱われていることが分かる。一方英訳すると，支援は"support"，援助は"assistance"となるが，Longman Dictionary によれば，"assistance"は，"help or support"とあり，厳密に区別されていないと言えるだろう。

しかし，本研究では，支援にある「支える」という意味合いに注目した。すなわち支援という意味は，その対象が本来持っている力を認めた上で，その力をより現実の場で発揮できるようにしていくという意味でとらえていくこととしたいのである。その意味では，第4章で詳述するが，我が国では，文部科学省に家庭教育支援室（英文標記は Office for the Support of Education in the home）が設置されているが，これも個々の家庭の教育力を認めた上で，その教育する力をより発揮できるように，まさに「支援」する機関であるととらえるのである。

このように支援をとらえることによって，「あるべき家庭教育」というものがあり，あるべき家庭教育を実現できていないことに対して援助するのではなく，現時点で個々の家庭で実践されている教育的な営みを支持し，さらなる成長を促すという意味で家庭教育支援を位置づけることができる。

●注釈
1) 内閣府大臣官房政府広報室「少年非行問題等に関する世論調査」2001年
2) 総理府広報室「青少年の問題行動に関する世論調査」1998年
3) 文部省中央教育審議会「少子化と教育について（中央審議会答申）」2000年
4) 若林敬子『中国 人口超大国のゆくえ』岩波書店 1994年 p.119

5) 高橋重郷 「日本の子ども人口の動向」（高橋重宏・網野武博・柏女霊峰編著『ハイライト子ども家庭白書』川島書店 1996年 pp.67〜73）
6) 河合隼雄 『臨床教育学入門』 岩波書店　1995年
7) 前掲書『臨床教育学入門』pp.4〜12
8) 皆藤章『生きる心理療法と教育　―臨床教育学の視座から』 誠信書房　1998年　p.7
9) 鷲田清一 『「聴く」ことの力―臨床哲学試論』 TBSブリタニカ　1999年
10) 本研究では，家庭教育学の方法論を明らかにすることの意義をを見出すことに焦点を当てている。その一方で，これまで主として社会心理学上の研究テーマであったラボラトリー・メソッドについて，家庭教育学という枠組みでとらえるという意味でも，研究の意義を見出すことができるだろう。
11) 吉村浩一 「心理学における事例研究法の役割」『心理学評論』 第32巻　第2号　1989年　pp.177〜196
12) 中村雄二郎 『臨床の知とは何か』 岩波書店　1992年　p.9
13) 新村　出編『広辞苑　第五版』岩波書店　1999年
14) 森岡清美・望月嵩『新しい家族社会学』 培風館　1983年　p.3
15) 飯田哲也『家族と家庭－望ましい家庭を求めて－』 学文社　1994年　p.7
16) 飯田哲也『家族と家庭－望ましい家庭を求めて－』 学文社　1994年　p.47
17) 飯田哲也『家族と家庭－望ましい家庭を求めて－』 学文社　1994年　p.55
18) 新村出編『広辞苑　第五版』岩波書店　1999年

第2章

少年非行が示す家族の課題

　本章では，少年非行の動向から，現代の家族が当面する課題を明らかにする。そのために，まず第1節では我が国における全体の非行動向を通して子どもの状況を明らかにしたい。そして，第2節では二つの事例を取り上げ，この事例を通して，子どもが当面している課題を明らかにする。そして第3節では事例理解を踏まえて，子どもを取りまく家族の状況を明らかにし，家族にとっての今日的な課題を示すこととした。

第1節　非行動向が示す子どもの状況

　本節では取り上げる少年非行について，その定義を明らかにしたい。一般的には非行とは「道理や道徳にはずれた行為。不正な行い」ととらえられるが，非行とは少年法第3条に定められている概念である。そのため，「道義や道徳からはずれた行為」としての非行は，法律的な意味での非行と区別する意味からも「不良行為」ととらえるべきである。それでは，法律的な意味での非行とはいかなるものだろうか。

①刑事責任年齢である14歳以上20歳未満の少年による犯罪行為
②14歳未満の少年による触法行為（刑事責任年齢に達しないために犯罪とみなさないため，犯罪行為と区別している）
③20歳未満の少年によるぐ犯行為（犯罪行為を行っているのではないが，保護者の正当な監督に服しなかったり，犯罪性のある人らと交際するなどの行為を

するなどして，将来犯罪行為を犯すおそれがあると認められる行為）

このうち③のぐ犯行為は，当然ながら成人では何ら刑罰の対象とならない行為だが，少年に対しては犯罪行為に至らなくても，「不良行為」の段階で適切な対応手当てをすることにより，少年を健全に育成するという考え方によって定められているのである。ただし，単に放置しておけば何か悪いことをしそうだといった漠然としたものはぐ犯行為とは言えない。現状の生活状況のまま放置しておけば，例えば覚せい剤を使用するおそれがあるというように，危惧される犯罪を具体化する必要があり厳密なとらえ方をすることが求められている。

このように問題行動を法律的な意味での非行ととらえるということは何を意味するのか。例えば学校といった教育現場などで非行とされる校則違反などは，法律的な意味での非行とは異なる。逆に学校内で窓ガラスを割るといった行為は器物損壊という犯罪行為にあたり，法律的な意味での非行となる。この法律的な意味で言う非行に限定して，そこから家庭教育の課題を明らかにするという見方は次のような考えによる。通常，問題行動というと，その時代背景，地域特性，さらには人それぞれによってとらえ方がまちまちである。すなわち，問題家族といった認識は，多義的であり，問題だとされる側の認識と，問題だと見る側の認識との間には差異があったり，道徳的，倫理的な子ども観，家族観が反映されがちである。例えば，不登校が問題であるか否かということは，見る者にとってかなりの違いがあるものである。それに比べて，法律的な意味での非行は，見る者による差異をなくしたものである。第1章で述べたように，家庭教育の課題を考えるということは，伝統的な価値観に基づき旧来の家庭へ復旧させるということではない。そこでは，道徳的，倫理的な問題として課題を考えるのではなく，法律的な問題として非行の課題を考えることが適切であると考えるのである。当然ながら，何が法的に違反するか否かも道徳的，倫理的な国家意志の表れであるという側面は否定できないものの，ある程度客観的なデータから，子どもの課題を見出すことができると考えられる。

この少年非行の動向を把握するために，まずは少年非行の全体的な動向を概括したい。

図2-1は，1946（昭和21）年から2002（平成14）年までの少年刑法犯の検挙人員及び10歳以上20歳未満の少年人口1000人あたりの少年刑法犯検挙人員の比率

第1節　非行動向が示す子どもの状況

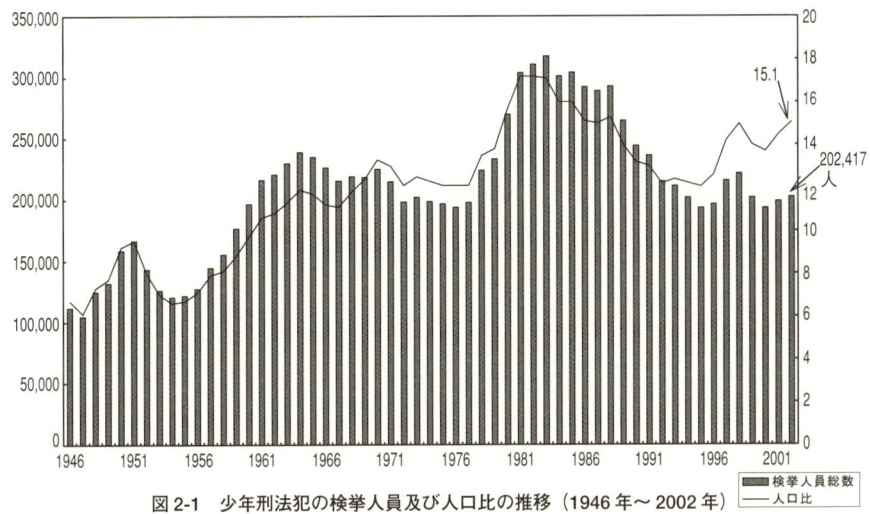

図2-1　少年刑法犯の検挙人員及び人口比の推移（1946年～2002年）

注1　警察庁の統計及び総務省統計局の人口資料による。
　2　1970年以降は，触法少年の交通関係業過を除く。
　3　少年の「人口比」は，10歳以上20歳未満の少年人口1,000人当たりの少年刑法犯検挙人員の比率である。
　　　　　　　　　　　　　　　　　　　出典　法務総合研究所　平成15年版　犯罪白書

である。少年非行は，常に時代を映す鏡であると言われている。社会の変化に伴い，非行行動にも変化が見られるからである。そこで，この少年刑法犯検挙人員の推移を見ると，1951（昭和26）年の16万6,433人をピークとする第一の波，1964（昭和39）年の23万8,830人をピークとする第二の波，1983（昭和58）年の31万7,438人をピークとする第三の波という三つの大きな波が見られる。このうち，第一の波は第二次世界大戦終戦後の社会的混乱に伴い，生活の困窮，すさんだ世相等を背景に，家出，浮浪，売春等の行動をとる少年が多かったことによるピークであると言われている。次の第二の波はいわゆる高度成長に伴う社会変動に伴い，都市に流入する少年が増加したことなどによるピークであり，「繁栄の落とし子」による非行のピークである。そして第三の波は，経済発展，核家族化，人口の都市集中，地域社会の連帯感の希薄化，マスメディアの発展といった様々な社会的変化により青少年を取りまく環境が変化していく中，万引きや乗り物盗などの窃盗犯が増加した時期である。また，主として中学校での校内暴力が社会問題化するなどしたのもこの時期である。そして，この1983年をピークに全体の検挙人員は，少年人口の減少とあいまって，少年非行の総数も減少傾向にあった。しかし，1996（平成8）

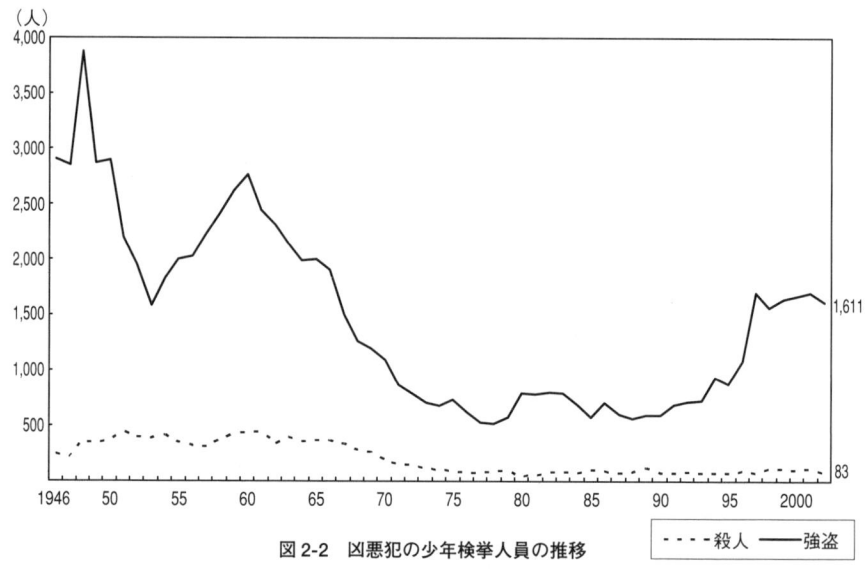

図 2-2　凶悪犯の少年検挙人員の推移　　　----殺人　——強盗

出典　法務総合研究所　平成 15 年版　犯罪白書

年を境に再び増加に転じた。この傾向と軌を一にするように，1997（平成 9）年に神戸市で起こった中学 3 年生（当時）男子による児童連続殺傷事件，1998 年（平成 10）年に黒磯市での男子中学 1 年生による中学校教師刺殺事件など，凶悪，重大な少年事件が発生したことにより，第四の波が来るのかと言われるようになっていた。しかし，非行総数としては 1998 年の 22 万 1,410 人を境に再び減少に転じており，第四の波は量的には小さなものとなっている。しかし，こうした全体の動向だけで非行の質的な変化を見出すことは相当ではない。そこで，詳細なデータの中で質的な変化が読み取れるのかどうかを明らかにしてみよう。

図 2-2 は，凶悪犯とされる殺人，強盗で検挙された少年の動向を示したものである。この表で，殺人の検挙人員を見ると，1951 年の 448 人が戦後最高の値であり，その後 1973（昭和 48）年に 111 人となってから 30 年近く 100 人前後で推移している。これは，昨今のマスコミ報道などから受ける印象と大きく異なっている。一方，強盗での検挙少年人員は，1948（昭和 23）年の 3,878 人が戦後最高となっており，一度減少したが，再度増加に転じ 1960（昭和 35）年には 2,672 人となっている。

この強盗の二つのピークは数年の差はあるものの少年非行の第一の波，第二の波

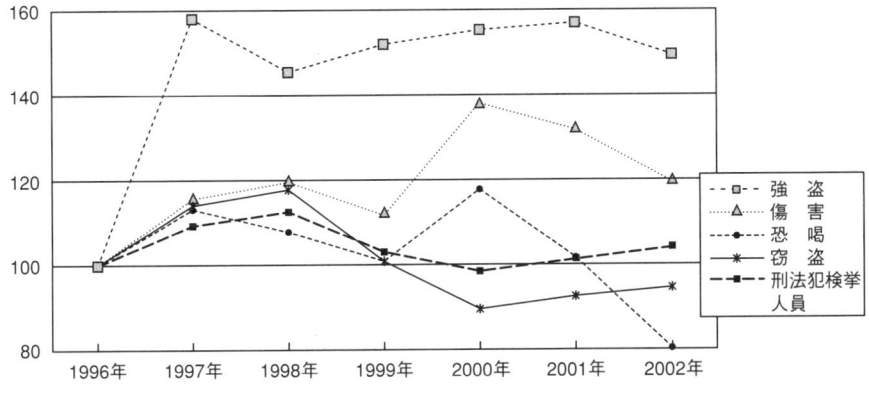

図 2-3　1996 年を 100 とした罪種別少年検挙人員の推移

出典　法務総合研究所　平成 15 年版　犯罪白書

と同じような推移となった。しかし，その後の第三の波の時期には強盗事件は減少を続ける結果となっていた。これは第三の波が全体数を押し上げる結果となったが，主として万引きや乗り物盗といった比較的軽微な非行が中心となっていたことに関係するものと言えよう。ところが，1980 年代後半から強盗事件は徐々に増加し，1996 年には実に 26 年ぶりに 1,000 件を超え，1997 年には 1,701 件と急増している。その後も 1,600 件前後で推移しており，強盗事件の増加が最近の少年非行が凶悪化していると言われる大きな要因を占めている。このことは次の数字からも明らかである。

図 2-3 は，1996（平成 8）年から 2002（平成 14）年までの 7 年間における罪種別の少年検挙人員の推移を示したものである。

これを見ると，検挙人員の総数，そして窃盗といった非行については大きな増加が見られないにもかかわらず，強盗で検挙された人員が大きく増加しており，傷害事件も強盗事件ほどではないにしても増加傾向にあることが分かる。このように窃盗事件がそれほど増加していないにもかかわらず，強盗，傷害といった粗暴な行為が伴う非行が増加しているのが，最近の少年非行の動向の大きな特徴であると言えよう。

以上，少年非行の検挙人員をもとにこれまでの非行動向を概括してきた。その結果，全体の非行総数としてはここ 7 年間は若干の増加が見られたものの，大きな増

第2章 少年非行が示す家族の課題

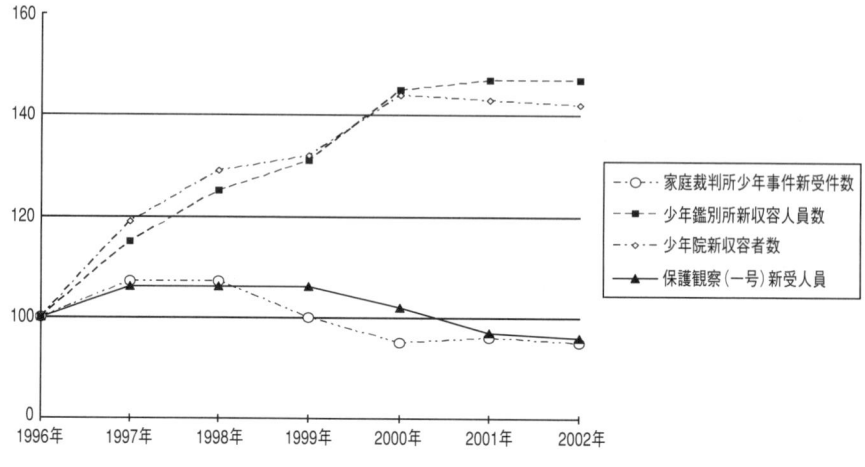

図2-4 1996年を100とした少年非行関係機関での関与人員
出典 最高裁判所司法統計，法務省犯罪白書

加は見られなかったことを示している。しかし，強盗事件の増加に見られるように粗暴な傾向が強まっていることが分かる。

次に，非行少年の処遇動向を見る。図2-4は，1996年から2002年までの7年間の少年非行関係機関における関与人員の推移を示すものである。

このうち家裁少年事件新受件数というのは，家庭裁判所で新たに受理した事件の数である。保護観察（一号）新受人員というのは，少年を対象に家庭裁判所が保護処分として付した保護観察を受けた人数であり，少年院などの収容施設に入所させるまでには至らなかったが，日常生活に対する指導監督の必要があるとして，家庭裁判所が判断した子どもの数である。少年鑑別所新収容者数，少年院新収容者数というのは，文字通り少年鑑別所あるいは少年院に新たに収容された人数である。このうち少年鑑別所とは，審判の上で必要がある場合に少年の身柄を確保する「観護」し，同時に少年の資質を，医学，心理学，教育学，社会学の専門知識に基づいて資質鑑別を行う施設であり，入所期間も最大限8週間となっている。一方，少年院とは少年を収容保護して，再非行を防止し，社会復帰後の社会適応を図ることができるように教育する矯正施設である。

これを見ると，家庭裁判所，保護観察所における数は，ほぼ横ばいなのに対して，少年院，少年鑑別所への入所者はここ7年で140％以上，つまり1.4倍以上になっ

ていることが分かる。この違いはいったい何だろうか。1つには少年の事件も凶悪化しているのではないかということが言えるだろう。さらに，考えられるのが，身柄を拘束される人数が増えているということは，家族，あるいは地域社会の中での立ち直りが期待できないと判断される子どもが増えてきているのではないかということである。これは，保護観察決定の数の動向などを見ても分かるように，家族や地域での改善が期待されないケースが増えてきているものと推測できる。

　このように非行の全体的な動向を把握する中で，子どもの課題は様々な点で明らかになってきていた。その上で，次節では，個々の事例を通して，いま，子どもと家族に何が起こっているのかを明らかにすることとしたい。

第2節　非行事例から見る子どもの課題

　ここでは，最近の少年非行の特徴をとらえるために，二つの少年の事例を取り上げることとした。
　このうち最初の事例は非常に現代的な特異な事例である。そして，2番目の事例は格別特異な事例でもなく，全国どこにでも起こりうる，いわば一般的でごくありがちな事例と考えてよいものである。この二つの事例を通して，家庭の教育力とは何かということを明らかにしていきたい。

1. コンピュータ犯罪に及んだ男子高校生の事例
(1) 少年（以下，A男という）
　男子。事件発覚時16歳，高校2年生。

(2) 非行の概要
　他者から購入したわいせつ画像の入ったコンパクトディスクを複製し，インターネットの電子掲示板を用いて，1年以上にわたり百数十人に対して，ネット上で販売していたとする他人名義の銀行口座に振り込ませる形で販売し，200万円以上稼いでいた。
　この非行で得た金は，コンピュータ関係の機器やソフトの購入代金や，宝くじの購入代金に充てていた。

なお，今回の非行以外に非行歴はなかった。

(3) 家庭の状況

父，母，妹との4人家族。

父（事件発覚時40歳代後半）は，主として商品開発関係の基礎研究の仕事に従事している。母（事件発覚時40歳代後半）は，芸術教育関係の仕事に従事している。妹は，A男より3歳年下で中学2年生である。

父，母ともに，これまで対人関係上，大きな問題が生じたこともない。夫婦関係も安定している。しかし，父母ともに自分の思いや考えを率直に語る姿勢が乏しい面が見られた。

事件発覚時まで，家族間で顕在化するような大きな葛藤はなく，経済的にも困窮することのない家族であった。A男は，父に対して「普通の一般のサラリーマン」，母に対しては「普通の母」とのみ表現している。それ以上に，A男に，父母について言語化を促しても，「普通の人としか言いようがない」と述べていた。さらに，各種心理検査を実施した結果からも，家族との関係に関わる反応が出てくることが少なく，両親との希薄な親子関係が窺える結果となっていた。

自宅は，比較的都市部に位置するいわゆる分譲マンションの高層階にある。A男の自室には，父が仕事上の必要から引き込んだ通信回線の一部が引き込まれている。自室にはコンピュータやその周辺機器が雑然と置かれていた。母はA男の自室に入ることはあったが，部屋にある機器については何がどうなっているのか全く分からなかったという。父は，パソコン導入当初は，A男に対してコンピュータに関わる話をすることがあったが，しばらくするとA男の方が父の知識を超えるようになり，父がA男にアドバイスを求めたこともあったという。

なお，A男の自宅から数キロ離れたところに，父方祖父母が居住している。A男は時折祖父母方を訪れることがあり，その物置に，父母に内緒で購入した様々なコンピュータ機器が隠されていた。

(4) 生活歴など

出生時及び出生後の発育にも特に問題はなかったと父母は述懐する。父母ともに仕事に従事しており，長男を1歳頃から保育所に入所させ，3歳からは幼稚園に入

園させていた。幼稚園の時間外には父方祖父母がＡ男の面倒を見ていた。Ａ男は、保育所や幼稚園を嫌がることはなかったが、小さい頃から胃腸が弱く、食事も何度かに分けたり、食事時間が他の同級生に比べてかなりかかったりしており、外遊びや運動が苦手な子どもだった。小学校入学後も、登校を嫌がることはなかったが、子どもの頃おそれていたものとして「体育の時間」を挙げ、かなりの苦手意識を持っていた。また、図画工作や美術の時間が嫌だったという。しかし、他の教科については中学校まで一貫して成績は上位を維持してきていた。

学習塾には中学３年生時、週２〜３回通ったのみで、他にいわゆる習い事などに通うことはなかった。ただし、学校での勉強については「面白いと思ったこともないが、面白くないと思ったこともない」とＡ男は語っていた。

小学校時代には、買い与えられたテレビゲームに凝るようになったが、小学校高学年頃には、格安のゲームソフト店から購入してきたゲームソフトを同級生に転売し、その利鞘を稼ぐなどするようになっていた。

中学１年生の時、Ａ男専用のパソコンを買ってもらっている。当時、父が仕事でコンピュータを用いていたこともあり、コンピュータへの抵抗感はほとんどなく、Ａ男の希望を受け入れての購入だった。中学２年生時に、Ａ男自身が個別にインターネット接続することができるためにアカウント（account:コンピュータ・ネットワークの利用権限）を取得し、以後、いわゆるパソコン通信やインターネットの電子掲示板などを頻繁に利用するようになっていた。そうした掲示板上の情報を通して、他人名義のアカウントを盗用することができるといった情報を得て、実際に他人名義のアカウントを利用したり、さらには自らが他人のアカウントを盗むためのプログラムを組むなどするようになった。事件発覚後、本人は「ボタン一つで何でも気軽にできるので、好奇心から何でもやってみようという気分になっていた」と当時を振り返っていた。中学卒業後、大学進学率のかなり高い高等学校に入学するが、自室にこもって、コンピュータに没頭するようになり、当時ブームになった希少価値のあるキャラクターグッズを、電子掲示板上で販売するようになり、１年で２０万円程度の利益を得るようになった。この頃から、電子掲示板を通じて、購入した他人名義の預金口座などを利用するようになっていた。こうした経験を踏まえ、キャラクターグッズよりも、金が稼げるものとして、わいせつ画像の入ったコンパクトディスクを販売することを思い立ったと本人は述べていた。そして、「販売」

開始直後から、本人が思いもよらないほど申し込みが殺到し、1年以上販売を続けることになっていた。こうした中で、夜中遅くまでコンピュータに熱中するようになり、睡眠時間が不規則になり、遅刻や欠席が増え、学業成績も下降するようになっていた。

　こうした状況を父母ともに承知していたが、父母それぞれがその当時、自分自身の仕事の多忙さなどもあったし、単にコンピュータに熱中しているだけで、まさか自室で犯罪行為が行われているということなど思いもよらなかったため、自分たちの仕事が一段落すれば、本人に「指導」をしていこうと思っていたという。

(5) 交友関係

　中学校や高校の同級生で、コンピュータに興味のある仲間と共に買い物に行ったりすることはある。高校での友達との話題は、競馬や株取引で金儲けをするといったものが中心だとA男は語っていた。

　また、異性との交際の経験はない。この点をA男について好きな女性はいないのかと訊ねたところ、「高校生なんだから、好きな人なんてもってのほかです」と言う。その言葉を受け、「好きかどうかを頭で考えるのではなく、例えばあの子と話がしたいとか、もう少しそばにいたいとかいった気持ちになることはないの？」と訊ねたところ、A男は「高校生なんだから、そんな気持ちよりもやるべきことがあるじゃないですか」と答えていた。

(6) 性格・行動傾向など

　各種心理検査の結果及び面接所見からは次のような点が明らかになった。知的能力の点では中の上程度。ただし、柔軟な適応力が乏しく、単純に割り切って物事をとらえる姿勢が強く、その反面、曖昧ではっきりしないものに対して、強い不安感を抱き、困惑や拒否感を示すことが多い。情緒的なものに対しても不安や抵抗感が強く、他者の気持ちを汲んだり、自己の感情に目を向ける姿勢も乏しく、感情表出も乏しい。そのため、対人関係の持ち方も表面的である。

(7) 事例理解と考察

　以上、A男の事例を、非行の概要、家族の状況、生活歴、交友関係、性格・行動

傾向という項目に分けて明らかにしたが、ここで本事例の特徴をまとめてみたい。
ア．対人関係の希薄さ

　A男の場合、家族との関係において、父母を「普通の親としか言いようがない」と述べることが象徴的だが、親子関係の希薄さは大きな問題である。表面的には問題がないと言える家庭における非行が昨今大きく取り上げられるが、こうした家庭での一般的な傾向として、関わり合いの乏しさが指摘できる。子どもが生育していく過程では、子ども自身の社会の広がりに応じて、価値観、生活様式、将来の進路の問題など様々な点で親と子どもが様々な対立、葛藤が生じて当然なのだが、そうした葛藤を葛藤として取り扱わず、一見すると「物分かりの良い」親が増えてきている。これは、そうした問題を家族メンバーにおいて解決していく中で、対人関係における問題を適切に解決していくことを学ぶ機会を失ってきていることと考えられる。その意味で、家族内で葛藤や不満がない状態というのは、家族間の人間関係が希薄になっており、情緒的な人間関係を体験する機会が乏しくなってきているものととらえるべきである。

　朝倉喬司は、インターネットの世界について、「いわば自分に閉じこもったまま、『世界』を構成する無数の他者とコミュニケートしあえる利器である」と表現している[1]が、A男の場合、実生活上でも、家族関係のみならず、交友関係においても、「コンピュータ」、「金」といったモノを介在させた関係においてしか関わり合えないという傾向が強まっていた状況に加え、閉じこもったまま、他者と関わることができることでコンピュータネットワークへの依存が深まっていたと考えられる。

イ．情緒的な感情への拒否感

　次に指摘できるのは、A男の場合、認知的な知識を得ることはかなりの能力を示すが、他者の気持ちや自分の感情といったものを、曖昧ではっきりしないものとして、直面することを回避あるいは拒否しようとする傾向が強いことである。

　この情緒的な感情は、自分1人で育てることはできず、他者との関わりの中で発達させるものであるが、対人関係の希薄さに加え、幼小児期から、認知的な能力は高いものの、情緒的な面での発達に周囲からも目を向けられてこなかったことが影響している。

　ゴールマン（Goleman, D.）は、知的な能力であるIQに対して、社会的・感情的な能力であるEQ（Emotional Quality）の高さがいわゆる社会的な成功に大きな影

響を及ぼしている[2]と指摘した上で，この社会的・感情的な能力が最近のアメリカの子どもたちにおいて，かなり低下してきているととしている。A男の場合も，認知的な能力については，かなり高いレベルに達しているが，社会的・感情的な能力については，かなり低いレベルにしかなく，認知的な能力との間に著しいアンバランスが見られる。A男にとって，コンピュータとの関わりは，答えが必ずあり，曖昧なものを排除した世界であるという意味において，相当に居心地の良い世界だったものと考えられる。

ウ．身体感覚の乏しさ

さらに，A男の場合，「体育の時間をおそれていた」という言葉が象徴的だが，身体感覚の乏しさが，その特徴として挙げることができるだろう。これは，単に運動能力が乏しかったといった身体能力的な問題だけには止まらない。先に指摘した対人関係の希薄さ，情緒的な感情に否定的であることと密接に関連し合っていることであるが，自分自身の身体感覚というものを生々しく不安定で曖昧な存在ととらえる傾向の強さと関係しているものと考えられる。コンピュータネットワークの世界は，生身の人間同士の関わり合いとは正反対に，この身体感覚を全く感じさせないで過ごすことができる空間である。そうした空間は，この身体感覚の乏しい少年にとっては十分に自分を表現できる空間となっていたものと思われる。

また，この身体感覚の乏しさという点では，神戸児童連続殺傷事件を犯した少年の犯行声明文にある「透明な存在」という言葉が思い起こされる。この「透明な存在」という言葉には，強い身体感覚の拒絶を感じさせる。そして，自らの身体感覚を激しく拒絶すればするほど，生々しく不安定で曖昧な身体感覚に対して意識的にならざるをえないという矛盾に陥っている。その矛盾を抱えたまま極度に拒絶することが，生身の身体に対する暴行という動きに転じているのではないかと考えられる。このように身体感覚の乏しさが逆に身体感覚への鋭敏な意識化を促進させるととらえると，A男の場合，わいせつ画像の販売も，A男が意識しているか否かにかかわらず，生身の身体感覚への鋭敏な意識化の表れと見ることができるだろう。

2．非行事例から見る子どもの課題

(1) 少年（以下，B男という）

男子。事件発覚時15歳，中学3年生。

(2) 非行の概要

ゲームセンターで遊ぶ金欲しさから，遊び仲間3人と，自宅近くの駅付近の路上において，夜間自分たちの父親と同世代の会社員を呼び止め，近くにあったビール瓶などで頭を殴ったものである。さらに，テレビゲームの技を試しにやってみるとして跳び蹴りを加えたりするなどして殴る蹴るの暴行を加え，所持金3万円を奪い取った。

なお，今回の非行以外に非行歴はなかった。

(3) 家庭の状況

B男は実父母，姉の4人家族の二男である。父は大手企業の技術者として働く。勉強は出来て当然という思いもあり，一人息子のB男への期待は高かった。しかし，父は，現実的にも仕事で帰宅が遅い上に，人付き合いに対して苦手意識が強く，B男に対しても直接関わり合うことは避けがちだった。B男にとっても存在感が希薄なイメージが強い父親だった。一方，母は短大を卒業し，少年の出産を機に退職し，いわゆる専業主婦である。人付き合いが苦手な父とは対照的に社交的だが，B男に対しては事件後「優等生を作るみたいな育て方」だったと母自身がふりかえっているように，あれはしてはいけない，これはしていないけないというように子どもに言ってきていたという。B男はそんな母に対して「反発しても最後には言い含められる」と言うように母に対して直接に反発するようなことはほとんどなかった。そのため，母もB男に対してあれこれ注意したが，分かっているものと思っていたという。

(4) 生活歴など

これまでのB男は，学校をいやがることもなく，学業成績も中程度だった。中学校に入り，運動部の部活が生活の中心になり，校内で問題を起こすことは全くなかった。しかし，中学3年生の夏休みに運動部を引退し，学習塾に通うようになったが，学業成績は親らが期待するほど伸びなかった。そうしたことから，学習塾帰りに，同じ中学校の同級生らとゲームセンターなどに寄り道するようになった。その頃，学習塾帰りに，見知らぬ高校生風の者から恐喝され，所持金を脅し取られていたが，警察に被害届も出さなかった。

その後、同級生の遊び仲間3人と恐喝の話題になり、自分たちもやってみようということになったが、学生を相手にするよりも金を持っているサラリーマンを狙おうということになり、今回の事件を起こしていた。

逮捕後、本人は「事件をやっている時は、何も考えていなかった。本当に人を殴るとどんな感じがするのかやってみたかった。自分がやったことはカツアゲで大したことではないと思っていたが、強盗と言われて驚いた。まさか逮捕されると思わなかった。もう充分反省しました」と話していた。

(5) 事例理解と考察
ア.「いきなり型非行」

かつて、子どもの非行化は喫煙、学校での校則違反などの軽微な逸脱行動から始まり、万引きあるいは自転車や単車の窃盗といった初発型非行と言われる非行を繰り返しながら、しだいに犯罪傾向を強めていき、凶悪な非行に至るというように、徐々に反社会的な行動がエスカレートしていくというものが一般的だった。こうした子どもは、非行を繰り返す中で、様々な対応がなされてきたにもかかわらず、家族の離別など生育歴が複雑であり、家庭環境にも犯罪親和性のある者がいたり、本人の知的能力にも恵まれないなどの要因から、そうした対応が本人の行動改善に結びつかなかったものが多かった。最近でも、家庭という枠組み自体が崩壊したような状況の中で子どもが非行化していくという例は全くなくなった訳ではない。しかし、最近では、この事例に見られるように、父母も健在で一見すると家庭に顕著な問題が見られず、本人の学業成績もそれほど不振とまでは言えず、いわゆる「普通の子」、「これまで手のかからなかった子」と思われている子どもが、突発的に非行に、しかも路上強盗などの凶悪犯罪を起こすという「いきなり型非行」が目立つ。これが最近の少年非行の特徴の一つである。

これを最近の非行動向に結びつけて考えると、古典型非行に上乗せされる形で、いわば「ニュータイプの非行」の増加していることが、少年非行の総数の増加を招いているものと見ることができる。こうした「いきなり型非行」の少年には、古典型非行のように一見して明らかな非行化要因は見られない。しかし、B男のように親子間の心理的葛藤や情緒的な相互作用の乏しさといった大きな問題点を抱えているが、保護者や本人自身ですら自覚していないため、そうした問題点が潜在化し

ている。そのために,問題点を改善するための手だてがなかなか取られない。それ故に,少年が抱えている問題点がますます増幅し,顕在化した時の衝撃が大きいという構図が見られる。しかし,潜在化しているといっても,つぶさに少年の状況を見ていくと,喫煙,飲酒,さらにはそれまでに発覚していなかったシンナー吸入経験や万引きなどのいくつかの問題行動を経ていることが多い。そのため,非行としては「いきなり型非行」であるにしても,こうした問題行動を重ねているが,発覚してこなかったか,発覚しても適切な対応を受けなかった場合が多い。こうした点からも少年非行においては軽微な問題行動だからといって安易に見過ごすことなく適切に手当てしていくことが必要なのである。

イ. 対人関係力の乏しさ

　B男の事例は,表面的にとらえると,ゲームセンターでの遊ぶ金欲しさからの非行である。しかし,高校進学についての親の期待が重圧となっていたが,そうした重圧感を家庭内で適切に表明することが出来なかったものと言える。そのため,家族に対して直接に反発することがなかった代わりに,親世代の被害者に対する攻撃という形で間接的に親に反発したものととらえることができる。このように意見や考え方が対立するいわば葛藤状況に対して,身近な他者とは,良い関係であることに努めて対決を回避するが,そこで積み残された葛藤を見知らぬ他者にぶつけるという傾向が見られる。

　実際,筆者が家庭裁判所調査官として少年や保護者に面接する中でも,少年から家族に対する不満や家庭内での対立が語られることが少なくなってきている。特に保護者には「物分かりのよい親」が増えてきている。こうした家族の関係を見ると,一見すると家族関係には問題がないと見えそうである。しかし,こうした関係を関わり合いの乏しい関係であるととらえるとその問題は大きなものとなる。思春期の子ども世代と親世代との間には,価値観,生活様式,将来の進路の問題など様々な点で様々な対立,葛藤が生じて当然だろう。しかし,そうした対立,葛藤を家族メンバーにおいて解決していく中で,対人関係における問題を適切に解決していくプロセスを学んでいくことが思春期の子どもにとって重要である。その意味で,家族内で葛藤や不満がない状態というのは,家族間の人間関係が希薄になっており,情緒的な人間関係を体験する機会が乏しくなってきているものととらえるべきである。

ところで，こうした対人関係力の乏しさとは裏腹に，最近の少年非行の特徴の一つとして，集団非行が増加している点が挙げられる。しかし，これは決して矛盾していることではない。最近の集団非行の特徴は，共犯者間の情緒的な親密感が希薄で，集団内で抑制力が働かず，非行行動がエスカレートしやすくなっているという点である。これには次のようなことが要因として考えられる。まず，先に述べた家族間の情緒的な親密感が乏しくなってきていることが挙げられる。次に，少子化が進み，異年齢集団の中での関わりが乏しく，子ども集団の中で，けんかをしたり，仲直りしたり，けんかを仲裁するといった，他者との関わりの中で情緒的な関わりを持ったり，課題や葛藤を解決していく経験が乏しくなってきていることも大きな要因であると考えられる。

さらに，現代社会の情報化の進展は，こうした対人関係力の乏しさに一層拍車をかける可能性がある。周囲を見渡しても，電話にはファクスが付き，携帯電話でも電子メールでのやりとりが増えてきている。そこでは，会話でのやりとりではなく，文字や絵でやりとりすることが中心となっている。さらに，パソコンの世界ではインターネットで視覚に訴える情報を得たり，電子メールで情報を交換するといったことが増えてきている。こうした状況は，大量の情報をやりとりするには好都合だろう。しかし，このように情緒的な内容を伝えあったり，お互いに関わり合い，理解し合うということにはあまり適していないツールを多用することによって，ますます共感的な対人関係力が乏しくなる状況は必至である。

こうした状況の中で，家庭，学校，地域社会などあらゆる場面において，情緒的な人間関係を形成する場面を多種多様に構成していくことが不可欠となってくるだろう。

ウ．短絡的傾向の強さ

B男の事例では，同級生とカツアゲの話になり，犯行に及ぶことについて格別迷うこともなく，安易に犯行に及んでいる。しかし，自分たちの行動が周囲にどのような影響を与えるのか，発覚すればどのような目に遭うのかといった点について吟味することはなかった。こうした短絡的傾向の強さが最近の少年非行の特徴である。

筆者が，面接調査の中で少年に対して非行の場面でのどのように思っていたのか，考えていたのかという点について問いかけると，当初少年は「何も考えていなかっ

た」と自らの体験をふりかえろうとしなかったり，「むかついたから」などと安易な言葉で応答することが多かった。また，「やったことは仕方がない。しかし，もう反省したから二度と悪いことはしません」という応答も多くなっていた。こうした応答自体が，いずれも自らの問題点に目を向けようとせず，自らの課題を短絡的に解決してしまう姿勢の表れとも言えよう。

　さらに，こうした短絡的な傾向の強い少年に対して，「悪いことをすればどうなると思っていたの？」と問いかけると，少年から返ってくる答えは「親に叱られる」あるいは「先生に叱られる」といったものがほとんどだった。警察に捕まるとか少年鑑別所や少年院に入れられるかもしれないといったことは全く思いもしなかったという言葉がよく出てくる。確かに誰かに叱られるというのも間違いではないが，社会との関わりの中での自分の位置について認識が乏しい点も指摘できる。

　ここで，さきに挙げたB男の事例に戻って考えてみたい。当初は，「遊ぶ金が欲しかった」，「もう反省しています」といった深まりのない言葉を語るだけのB男だった。しかし，面接調査の中で，非行行動に至る時点，実際に被害者に暴行を加えている時，発覚し逮捕された時，父母が初めて面会に来た時など様々な場面での，自分の感情の動きを丹念に言語化させるように促し，たどたどしい少年の言葉をじっくりと聴いていくことを心掛けた。その過程を通して，少年は，父母の自分への期待の重さに対して，辛い，苦しいという気持ちを伝えられず，鬱積した気持ちを被害者に向けてしまったといったこれまでの家族関係に関係づけながら自己の問題点を語るようになるまでになった。このように調査面接の中では，単に客観的な事実関係を明らかにするだけではなく，子どもが自覚していない自らの気持ちの動きを明らかにするといった促進的な働きかけはますます重要になってきている。

　つまり，このように短絡的な傾向が強い少年であればなおさら，調査の過程においても，非行場面における少年自身の動きや，事件が発覚し逮捕されてきた時の様子などを丹念にたどる必要がある。その過程を通して，その時々の行動や感情について，少年自身の言葉として明らかにしていくことにより，自らの内面に語りかけ，体験をふりかえり，これまで気づかなかった（気づこうとしなかった）自分自身の問題点に目を向けることを支援していく働きかけが大切なのである。

　最近の少年非行が凶悪化していることや被害者感情を理由として，少年に対する「厳罰化」「必罰化」を求める声が高まっている。しかし，こうした短絡的な傾向が

強い少年が増えている現状を考えると，たとえ「厳罰」を課したとしても，少年自らが主体的に行動の意味をふりかえる作業なくしては，その後の行動改善には結びつかないのである。

こうしたことを裏付けるように，法務省矯正局では，少年院や少年鑑別所など少年非行の現場で非行少年の健全育成と円滑な社会復帰を目指して処遇にあたっている経験から，非行少年の処遇の基本として，①必要とされている実感を持たせること，②当たり前のことを大切にすること，③日常の働きかけを大切にすること，④罪障感を覚せいさせるための取組みを充実することの4点を挙げており，子どもの主体的な問題意識を高めていく働きかけの重要性を指摘している[3]。

以上のように，A男の事例からは，ア．対人関係の希薄さ，イ．情緒的な感情への拒否感，ウ．身体感覚の乏しさという点が指摘された。そして，B男の事例からは，ア．対人関係力の乏しさ，イ．短絡的傾向の強さという点が指摘されよう。

第3節　子どもを取りまく家族の課題

前節では，二つの非行の事例を詳細に検討してきた。その結果，二つの事例では，非行内容から見ると大きな違いがあるように見える。しかし，それぞれの子どもの状況を見ると，「いま，ここ」での自己覚知，他者との関係について理解していくことの問題であるとみなすことが出来る。

この認識が，現実の実態に基づいていることを示す結果が，2001（平成13）年の最高裁判所家庭裁判所調査官研修所による「重大少年事件の実証的研究」にも示されている。これは，家庭裁判所で取り扱った少年による殺人事件及び傷害致死事件（重大事件）を素材として，家庭裁判所調査官，裁判官，学識経験者，学校の教員，少年事件関係機関の実務家により，その背景や原因を実証的に分析した研究である。この研究報告では，単独で重大事件を起こした少年と集団で重大事件を起こした少年では，資質，人格の偏りや犯行態様の点で大きな違いがあるとしている。すなわち，単独で重大事件を起こした少年については，「普通の少年」あるいは「よい子」がいきなり事件を起こしたように見える場合でも，少年の内的要因や少年を取りまく環境要因が長年にわたって複雑に絡み合っており，一般の非行少年とは質的に異なる特徴が見られたとしている。これに対し，集団で重大事件を起こし

表2-1 単独で重大事件を起こした少年の特徴
（最高裁判所家庭裁判所調査官研修所編『重大少年事件の実証的研究』2001年から作成）

	単独で重大事件を起こした少年の特徴		
共通する特徴	1）追い詰められた心理 2）現実的問題解決能力の乏しさ 3）自分の気持ちすら分からない感覚 4）自己イメージの悪さ 5）歪んだ男性性へのあこがれ		
家族の特徴	ア　親自身に余裕がない イ　「しつけ」と「虐待」のはき違え	ア　親の期待の強さ イ　両親はそろっているがコミュニケーションが乏しい ウ　夫婦の絆の弱さ	ア　表面的には大きな問題がない 　　（少年の良い面しか見えない） イ　少年を過大評価する親 ウ　少年の挫折に対応できない親
タイプ	①幼年期から問題行動を頻発したタイプ	②表面上は問題を感じさせることのなかったタイプ	③思春期になって大きな挫折を体験したタイプ

た少年については，一般の非行少年とかなり共通する部分が多いが，集団心理等から暴力に歯止めがかからなくなっていたことが分かったとしている。このうち，単独で重大事件を起こした少年の特徴を表2-1にまとめてみた。ここで挙げた特徴は，重大事件を起こした少年に顕在化されたものだが，これは現代家族の潜在的な問題が浮き彫りになったものであると言えるだろう。

　以上の通り，少年非行の動向を見ると，その背景にある家庭の問題は大きくなっていると言えよう。この点では第1章で紹介した世論調査の結果は，実態に沿ったものである。この中でも，家庭の問題は家族のコミュニケーションのあり方に焦点があたっていると言えよう。その意味で，家庭の教育力の低下は，家族のコミュニケーションのあり方に集約することができる。筆者としても，十数年間，家庭裁判所調査官として多くの少年事件について，非行を犯してしまった子どもや保護者に対する面接をした。そして，その非行に至る原因や背景としての家族の状況について分析し，非行を犯してしまった子どもに対する処遇指針を示してきた。そうした実務経験からすると，非行に至る背景として乳幼児期からの子どもに対するしつけのあり方をはじめとする保護者の養育態度などが子どもの行動傾向に影響を及ぼ

し，非行に結びついていることを指摘することも数多くあった。その意味では，乳幼児期からのしつけや家庭教育の重要性が痛感されるところである。

　しかし，この実務経験を通して，子どもや保護者が，様々な支援を受け，非行という問題行動を一つの契機として，親子関係が変化していく中で，非行から立ち直っていくプロセスを目の当たりにする機会に多く恵まれてきた。佐々木譲ら[3]は家庭裁判所調査官としての長年の経験から「非行から立ち直る少年たちのほとんどが，親によって，より正確には親とともに立ち直っていく」と述べているように子どもの立ち直りには親の存在は大きい。こうした立ち直りのプロセスに関わる実務経験からは次のことが結論づけられる。つまり，非行は乳幼児期からのしつけの問題の「結果」だったかもしれないが，それは子どもや親の人生の「結末」ではないということである。したがって，非行少年に対する処遇と並行して，トータルな子どもの立ち直りにとっては親のあり方が大切である。とりわけ，家族，特に親が子どもとの関係をどのようにしたいと考えているのか，どのようにして親子関係の改善を図るのかについての方針を明らかにしていくことを促す働きかけは重要である。

　さらに，子どもの立ち直りを家族との関係の中でとらえていくことは世代間に問題が連鎖されていくのを防ぐ意味でも重要である。家庭裁判所の実務経験からは次のような事例にも遭遇する。非行を犯してしまった子どもが，親との情緒的な関係を断ち切ろうとして早期に自立しようとする。これは，親との間に満たされなかった依存欲求を充足しようという動きとも言える。こうした動きから，自らの思春期における発達課題を残したまま，早期に結婚し，親の立場になる事例である。しかし，こうした形で親との関係を断ち切ったものの，夫あるいは妻としての立場と親としての立場のバランスを欠くなどして夫婦関係も悪化し，早期に家族関係が破綻してしまうというものである。こうした事例からは，非行という問題行動を契機として親子関係がどのような方向に進むのかは，次世代の子どもの育ちにも大きく影響する問題であるととらえることができる。

　こうした問題意識に立つと，非行という問題行動に当面した子どもと親が，どのようにして問題行動からの立ち直りを図るのかということが重要になってくる。すなわち，子どものしつけを，子どもの非行などの問題行動を予防するためのものとしてのみとらえるのではなく，子どもの非行などの問題行動が生じてしまった後の子どもへの対応も，広い意味で家庭教育に含まれると考えるのである。以上のこと

から，非行のある家族への支援がどのように行われているのかを示すことは，家庭教育の方法論を考える上で示唆を与えるものと考えたのである。

●注釈
1) 朝倉喬司『電子・少女・犯罪』現代書館　2000年　p.27
2) Goleman, D., *Emotional Intelligence*, Brockman Inc, 1995.（土屋京子訳『EQ～こころの知能指数』講談社　1996年）。
3) 法務省矯正局『現代の少年非行を考える　少年院・少年鑑別所の現場から』1998年
4) 最高裁判所家庭裁判所調査官研修所編『重大少年事件の実証的研究』2001年
5) 佐々木譲編『「非行」が語る親子関係』岩波書店　1999年

第3章

非行臨床における家族支援

　非行のある家族への支援には，様々な段階がある。警察による補導あるいは捜査段階，家庭裁判所における調査・審判の段階，保護観察所や少年院における処遇段階といった段階である。その中で，本章では，主として家庭裁判所における家庭裁判所調査官の活動に焦点を当てることとした。

　家庭裁判所調査官は，犯罪などを犯した子どもやその保護者らから，非行に至ったきさつ，生い立ち，これまでの父母の育て方，学校や職場での生活の様子，友人関係などについて充分に話を聴く。そして，「非行の意味」を明らかにして，その子どもが立ち直るために最もふさわしい処遇について意見を提出する。しかし，単に目に見える子どもの状況を観察し，意見を提出するだけでない。子ども自身が気づこうとしていない，あるいは気づいていない状況を子どもとの面接の中で明らかにするのである。その上で，その子ども自身が「非行の意味」をとらえ直し，自分の問題点に気づくように働きかけるという動的な関係の中で子どもと関わる仕事である。さらに，試験観察という制度がある。これは，子どもの立ち直りの可能性を見極めるために，しばらくの間，家庭裁判所調査官が少年の行動や生活の様子を観察するものであり，家庭裁判所調査官の活動の大きな特色である。この試験観察の過程では，少年や保護者の相談に乗ったり，少年と一緒にその将来について考えたり，日常の生活の場面から少し離れた場所で本人の立ち直りの意欲を確認しあうといった活動を行う。その中で，少年に自分の内面を振り返らせ，立ち直るための意欲を高めるように援助する。この意味において，家庭裁判所調査官の活動は対人援助活動であると言える。ただし，援助といっても，子どもの課題を取り込んでしまうのではない。子ども自身の課題をどのようにして子ども自身に気づかせ，課題

に取り組むのかということを見守っていく姿勢を持った援助である。とはいえ，家庭裁判所調査官の仕事に携わった者としては，単に原因を見極めるだけではなく，その子どもの立ち直りについて望ましいあり方は何かを考えて活動していると言える。

　前章で，家族のコミュニケーションのあり方が家庭教育上の大きな問題であることを指摘した。しかし，この点について，単に家族を取り巻く者がその問題を指摘しただけでは何ら解決しない。その意味において家族が自らの課題として解決に取り組んでいくプロセスを促進していく働きかけが必要であると考える。では，どのように促進しているのだろうか。ここで，家庭裁判所における家族に対する働きかけの実例を取り上げることとした。中でも，家族の関係性を直接の対象としたユニークな支援とされる親子合宿についてその特質を明らかにすることとした。具体的には第1節では一つの家族が親子合宿を通して非行から立ち上がるプロセスを明らかにした。そして第2節では複数の家族が参加する親子合宿の特質を明らかにして，保護者への教育的支援の方法としての親子合宿の固有性を明らかにしたいと考えた。

第1節　非行事例が示す家族支援の有効性

1. 非行少年から見た子どものしつけの新たな視点

　本節では，一つの事例から，非行をめぐる子どもと家族のあり方を明らかにすることとした。ここで重点としているのは，非行からどのように立ち直っていくのかということである。つまり，まさに，非行を出発点として，事例を取り上げようとするものである。

2. 事例の提示
（1）少年（以下，C男という）
　　17歳。工員アルバイト。

（2）非行の概要
　　中学生時代からの暴走族仲間が運転する原付バイクの後部に同乗し，徒歩で通行中の女性の後方から接近し，その女性が持っていた手提げバックをひったくり，盗んだ。盗んだ後，バックに入っていた現金約2万円だけを抜き取り，財布などは，

盗んだ鞄に石を入れて，近所の池に沈めていた。盗んだ金は飲み食いに使い，すぐに使い果たしていた。

余罪としては，この事件の半年前，C男は共犯者らと共に総数約200台で行った暴走行為に加わったことで検挙されている。

(3) 家族の状況および生育歴

C男は，会社員の父といわゆる専業主婦の母との間に，第2子二男として出生した。3歳年下の弟がおり，3人兄弟の真ん中の子どもとして育っていた。父も母もスポーツ好きで，兄が小学校入学頃から始めたある格闘技を，C男も幼稚園頃から習い始めた。その後，弟もその格闘技を始めるが，3人兄弟の中で，C男が一番強く，めきめきと上達した。小学2年生の時，C男は全国大会で2位となった。父母も大喜びで，その後，中学2年生までの間に全国優勝3回という実力で，全国各地で行われる大会に行くのが家族の大きな行事となっていた。中学2年生まで，学校が終われば道場で練習という生活を続けていた。そうした中，学業成績もまずまずで書道も得意なC男だった。そんなC男を見て，父はC男が将来中学校か高校の体育の先生になることを夢見て，C男に大きな期待を寄せていたし，そんな父の期待はC男にも強く感じ取れるものだった。

中学2年生の全国優勝を一区切りとして，その後は，高校進学のために勉強に専念することになったC男は，塾に週3回通うようになった。しかし，中学2年生までは特に力を入れなくてもそこそこついていけた勉強についていけなくなり，「出来る自分」という自己イメージが揺らぎ始めた。この揺らぎはC男にとって初めての経験だった。「こうあるべき自分」と「現実の自分」との間のギャップに揺らぎながらも，両者の間に折り合いをつけていくことで，まさに生きている自分を獲得していく。これは思春期の子どもにとって大きな課題である。しかし，C男にとって，いきなり直面することになった「現実の自分」と父母の大きな期待を背負った「こうあるべき自分」との間のギャップはとてつもなく大きなものだった。さらに，これまで父母の敷いた路線を行くだけで，自分で考えて行動するといった場面が少なかったC男にとっては，この大きなギャップを自らの力で埋めることは途方もなく大きな課題となっていた。そうして，この大きな課題から目をそむけるようにC男は，2週間の家出を皮切りに，遊び中心の生活を送るようになり，喫煙，

シンナー吸入などを始めた。そうしたC男に対して，父母は大いに当惑し，C男に注意するようになった。しかし，そんな注意程度で収まらないC男を見て，父母ともに「自分で気づくしかない」という気持ちを抱き，C男に対して注意することを控えるようになった。そして，その後のC男の生活のエピソードに父母の姿は見えなくなっていた。しかし，そんな父母の思いとは裏腹に，C男は「もう放っておかれた気分になり，寂しくなり，そんな気分を紛らすために，一層シンナーを吸った」と言う。さらに，現実から目をそむける道具にバイクが加わった。中学3年生の2学期，C男は単車窃盗を立て続けに3件起こし，盗んだバイクを運転中，交通事故を起こし，左足を骨折してしまった。その後，何とか高校に入学したものの，再び単車を盗み，交通事故を起こしてしまい，今度は右足骨折で1ヶ月入院することとなった。その結果，高校の出席日数も足りず，留年が確定したことから中退した。その後，飲食店や電気工事の仕事に就くが，長続きせず，遊び仲間と暴走族を結成し，暴走行為を繰り返すようになっていた。

　その頃，16歳の交際相手が妊娠していたことが分かった。既に中絶できない時期であったことから出産することを決意し，C男はその女性と結婚することを考えるようになっていた。これまで事故を2回も起こしているC男に対して，交際相手は「暴走だけは止めてほしい」と懇願した。さすがのC男もこのことは受け入れ，以後暴走には参加しなくなっていた。しかし，17歳のC男にとっては，結婚，父親といったことは言葉だけが上滑りしてしまっており，現実の生活は，父親となる自分を未だに実感できないままやり過ごされていた。そうした中で，今回のひったくりに及んでいた。

3. 家庭裁判所における支援活動
(1) 処遇選択の経過
　ひったくりの事件で，C男は逮捕され，身柄を拘束されたまま家庭裁判所に事件が送られてきた。家庭裁判所では，C男に対して観護措置決定を行い，少年鑑別所に収容することとした。
　少年鑑別所とは，種々の心理テストや面接，行動観察を通して，非行の原因や立ち直りの手だてについて，本人自身の状況について資質鑑別を行い，その結果を家庭裁判所に通知するという役割を担っている。病気にたとえるといわば「検査入院」

第1節　非行事例が示す家族支援の有効性　45

のようなものである。この「検査入院」の間，少年鑑別所が行う資質鑑別と並行して，家庭裁判所調査官は，鑑別所にいる本人，そして家族，さらには学校や職場といった本人を取りまく人たちにアクセスし，本人自身の状況に加えて，周囲の状況をも加味した「社会調査」を行うのである。その間に，本人には3回程度面接の時間を持つ。そして，家族に対する面接などを行い，審判までの調査結果をまとめた少年調査票を提出することになる。

　少年鑑別所で初めて出会ったＣ男は，荒んだ印象はなく，人なつっこい印象を受ける子どもだった。自分の起こした事件については，「交際相手の妊娠が分かって，しっかりしなければならないと思ってはいた。暴走はもうしないと決めていたけど，友達に誘われると，遊びたいという気持ちになって，深く考えずに金欲しさから事件を起こしてしまった。自分の置かれた状況をよく考えていなかった」と話していた。少年鑑別所では毎日日記を書くことになっているが，文章力は比較的優れていると評価されていたとおり，その日記の文面からも，Ｃ男のそうした思いは表れていた。そうしたＣ男から，これまでの生活歴をふりかえってもらう。その作業を通して，Ｃ男自身が，自己肥大してしまっていたスポーツエリートから等身大の自分へという自己像のとらえ直しがうまくいかなかったこと，父母から見放されたという思いから非行を繰り返すことになっていたことなどをふりかえるようになっていた。家族とはいい関係でありたいと考えているＣ男のこうした態度からは，家族を見限って交際相手に依存対象を変えたというよりは，家族に充分に受け止めてもらっていない不充足感を交際相手との関係で補ってきているような動きが感じ取れた。Ｃ男は父母に背を向けられたと感じていたと言ってもいいかもしれない。Ｃ男の語る内容からは，自分に背を向けた父母に対し，こっちを向いてほしいという荒っぽいメッセージが，今回のひったくりに示されているのではないか，そんなことがイメージされていた。しかし，そんな荒っぽいメッセージでは父母はきちんと受け止めきれないだろう。

　一方，家庭裁判所で，父母と面接した。それぞれに実直な雰囲気を持った父母で，女友達を妊娠させたり，いい加減な生活をしているＣ男を苦々しく思っているが，それだけにＣ男の崩れは理解の域を超えてしまって，受け止めきれずにいる。そんな印象を受ける父母だった。しかし，Ｃ男には何とか立ち直ってほしい，もうすぐ親となるのだからこのままでは困る，そのために親として出来ることはしてやり

たいという意欲の強さは感じ取れた。

　これは、C男が悪いとか父母が悪いといったように原因を特定の個人に帰属させてとらえるのではなく、C男と父母とのこうした「関係」が問題であるととらえることが必要だろう。とすれば、どうすれば、C男は父母がきちんと受け止められるメッセージが送れるのだろうか。対話には送り手と受け手とが、互いに相手のメッセージを明確に伝えよう、受け止めようとする姿勢があって、初めて成り立つものである。そんなことを感じさせた。そして、それは、父になろうとしているC男にとって、原家族との関係をきちんとふりかえり、新しい家族との関係を形成するいま、一番大切な課題だと感じ取れた。また、父母にとっては、C男に立ち直ってほしいし、親として出来ることはしてやりたいという意欲をどのように現実の動きとしてC男に示していくのかということが課題だった。

(2) 試験観察
　C男が少年鑑別所に入って24日後、家庭裁判所で審判が開かれた。そこで試験観察という決定がなされた。第3章前文で述べたように、試験観察というのは、子どもの立ち直りの可能性を見極めるために、しばらくの間、家庭裁判所調査官が少年の行動や生活の様子を観察するというものである。

　これは、筆者が少年調査票に書いた意見通りの決定だった。これで、C男は家に戻ることになった。この決定の決め手となったのは、C男の現実の生活である。逮捕される直前から、交際相手の兄が働く建設会社で働き始めており、C男なりに生活の建て直しを図りつつあることも見て取れた。さらに、父母も方法は分からないが、C男の改善に意欲を示していたことも大きな意味を持った。しかし、家に帰っただけで全てが解決する訳ではない。父母にきちんと受け止めてほしいC男と、受け止めたいがどのように受け止めれば良いのか分からない父母という構図の中で、そんなC男と父母との立ち直りをいかに支援していくかが課題となっていた。

　そこで、検討したのが親子合宿であった。親子合宿とは、試験観察に付された3～6組程度の親子を対象として、2泊3日間自然豊かな野外活動施設で合宿生活を行い、登山、野外炊事などの他に、自然体験プログラムや人間関係トレーニングの手法を取り入れた様々な活動を通して、これまで見てこなかった、あるいは見ようとしてこなかった自分たちの関係に気づき、今後の居心地の良い親子関係を探る機

表1-3 親子合宿プログラムの一例

	第1日目	第2日目	第3日目	
		起　床	起　床	7：30
		朝　食	朝　食	8：30
	9：00		登山　山の句会	
		林業実習		
			休憩・シャワー	
12：00				12：00
	開 始 式	昼　食	昼　食	
13：15				12：45
	マイクロバスで移動	林業実習（続き）	合宿のふりかえり全体会	
14：30		休　憩		
15：00	オリエンテーション		マイクロバスで移動	14：30
	私何色？	無言動作実習		
	色探し	目隠し体験		16：00
16：30	野外炊事		終 了 式	16：30
			17：30	
		夕　食		
		休　憩	19：00	
19：30	他己紹介	コンセンサス実習	20：00	
	子ども / 親	子ども / 親		
	イメージ画 / 話し合い	話し合い / 話し合い		
21：30	入　浴	入　浴		
22：00	就　寝	就　寝		
	（スタッフミーティング）	（スタッフミーティング）		

　会としてもらうというものである（表3-1として親子合宿プログラムを示す）。
　これは，全国でも非常にユニークな企画で，実施している家庭裁判所も数えるほどしかないものだが，筆者は家庭裁判所調査官としての在職当時，この立ち上げと運営に関わるようになっており，C男と父母の立ち直りを支援する絶好の機会ではないかと考えたのである。
　試験観察が決まり，C男と父母にこの親子合宿が2ヶ月後に企画されていることを伝え，参加することを勧めた。その場で，C男は「よく分からないけど，行きます」と言い，父母は「またとない機会ですし，C男の姿もよく見えると思います。ぜひ参加させてください」と語った。この時点では実際に参加するのは父の仕事の

都合もあり母が参加するという話になったが，この親子合宿への参加が試験観察の大きなテーマとなった。

(3) 試験観察後の動向

家に帰ったＣ男は，逮捕前から働き始めた建設会社に復職した。仕事を終えれば，交際相手の家に寄って，夜に自宅に帰るという暮らしだった。そんな中，Ｃ男や父母の強い願いで，今回のひったくりの被害者の方への謝罪と弁償が行われた。被害者への謝罪と弁償。これは非常にデリケートな問題である。こうした子どもや家族の要望にすぐさま応えて，被害者の連絡先を教えるといったことはあまりにも拙速である。被害に遭った人からすれば，いきなり犯罪に巻き込まれた上に，いきなり犯人から連絡があるという状況を想像してみれば分かるだろう。そこで，Ｃ男の場合，Ｃ男側の了承の上で，筆者が被害者に連絡を取り，Ｃ男の連絡先を伝えて，被害者の方から連絡してもらうという方法をとった。その後，被害者の方から，Ｃ男の父母に連絡があり，謝罪と被害弁償も円満にすませることが出来ていた。

このまま順調に親子合宿に入るのかと思われたが，その次の機会にやってきたＣ男は，きまり悪そうな態度だった。訊ねてみると，友達（免許は持っている）の原付バイクの後部に同乗していて，警察官に見つかり，友達が二人乗りで検挙されたという。この場合，後部に同乗していたＣ男はお咎めなしであるが，試験観察中なのに軽率だったと反省しきりだった。こういう場合，家庭裁判所調査官としてどのような態度を取ればよいのかに正解はない。しかし，Ｃ男との関係の中でどのように応答すれば良いのかを瞬時に考えねばならない。ここで，調査官としては，これまでＣ男を取りまく大人が，問題を起こしたＣ男をきちんと正面から受け止めてこなかったことを重視した。そこで，軽率だったというＣ男の言葉を噛みしめながら，「ほんと軽率だったね。やる時はたいしたことないと思っていても，とっても心配している人もいるんだということを思い出してほしい」と返しておいた。

さらに，この二人乗り事件は意味ある役割を果たす。この面接のやりとりの後，同伴してきた母はこう言った。「この事件の後，父と話し合ったんですが，父がＣ男の様子をきちんと見ておきたい親子合宿には母に代わって父に参加してもらうことにしました」と言う。母としては，父にきちんと関わってもらうことが必要だと思っていたところ，この事件で父もこれまで以上に本気になってくれるようになっ

たと言う。これまで問題を起こすと背を向けていた父母がやっとC男に正面から関わっていこうという表れと考え、筆者としてもこの変更を肯定的に受け止めていた。

(4) 親子合宿への参加

　好天に恵まれた合宿初日。父と共にC男は家庭裁判所にやってきた。C男親子以外には、2組の親子が参加していた。この2組とも母親との参加だったので、父親はC男の父だけという状況だった。

　合宿初日、自然体験プログラムとして、色探しに親子で取り組んだ。これは、5色の色見本を各親子に渡して、カードの色に最も近いものを自然の中から探してくるというものである。しかも、持ってくるものは親子で納得できた一つのものに限られており、親子で相談したり、譲歩したりしながら、色を探し、その経過を含めて皆の前で発表し、審査員のスタッフに審査してもらうというものである。これは、自然体験プログラムとして自然の中には様々な色があることを再発見することと当時に、親子で同じ課題に取り組み、互いの感じ方や印象を出し合い、合意形成していくということを体験するのである。このプログラムの中で、C男は、熱心に同じ色を探す父の後をついて回るという姿が印象的だった。それは、父の期待に沿って小さい頃から動いていたことをイメージさせるものだった。こうした実習の後、親子ともども自分の動きをふりかえり、そこで気づいたこと、感じたことを言語化し、それをメンバー間で分かち合うという時間を持っているが、そうした中、C男は言葉数自体は少なかったが、父と久々に一緒に動いたことなどを言葉にしていたのが印象的だった。

　その後、野外炊事。そこでは、先ほどの実習とは違い、父と離れたところで、さりげなく手の足りないところに動いていくC男の姿が印象的だった。

　2日目。午前中、林業の実習として、檜の間伐作業をすることになった。相変わらずC男は、自分の考えを積極的に表明するといった場面は少なかったが、野外炊事と同様、行動面では周囲の状況をよく見て、動いていた。指導してくれた林業のプロの方に促されて、チェーンソーでの間伐作業もてきぱきとこなしていた。その一方、父は、終始積極的で、率先して行動しており、スタッフからの指示にも「ハイ、ハイ」としっかり返事するのが印象的だった。そんな中、C男と父が2人

で喋っている姿を見ると，父が一方的にしゃべるという場面が多く見られた。

　午後からは，目隠し探検。親子互いに，目隠しをしたパートナーを無言のまま自然探検につれていくというものである。この実習で，親子は目隠ししたパートナーへの気遣いはどのようにあるか，目隠しをしている中でパートナーにどのように身を任せるかといった状況に直面する。この実習には現状の親子関係が反映されており，自分たち親子の距離や関係を見つめ直す契機となることが多い。C男と父の場合，お互いに照れくさそうにしながらも，パートナーが歩きやすいように程良く配慮しながら探検を楽しんでいたのが印象的だった。

　3日目。最終日の山場ということで，合宿していたところから2時間かけて，山登りをした。そして，眼下にふもとの景色が広がるすがすがしい山頂で，俳句会を行った。3日間を共にしてきたメンバー相互に，比較的自由な感覚で俳句を詠みあう機会となり，C男の俳句も，原文を載せられないのは残念であるが，スケールの大きい俳句だと，他の参加者から感心されていた。そして，下山後，この合宿をふりかえってもらった。すると，C男はこんなことを言葉にしていた。「この3日間は，何か久しぶりにすがすがしいことをした感じ。自分自身については，何か忘れてたものがよみがえってきたという感じだし，父とは昔に戻ったような感じで親とも話ができた。本当はこの合宿，乗り気じゃなかったけど，いろいろなことができて，いい人生の第一歩を出せるような気持ちです」と。一方，父は，「良い合宿でした。自分自身については，少しでしゃばりすぎたかもという気もしますが，C男も自分も双方でかばいあっているなと思うことが出来たので，これからは，子どもの気持ちも考え，行動したいですね」と語っていた。

(5) 親子合宿後の状況

　合宿を終え，しばらくして面接にやってきたC男と母に会った。C男は，何事もなかったかのように，合宿前同様，建設会社で働き，仕事を終えれば，交際相手の家に寄って，夜に自宅に帰るという暮らしだった。母によると，C男から，合宿のことを口にすることはあまりないが，母から見ていると，何気ないところで，C男が父に積極的に話しかける場面が多くなったという。また，父は，母に対して，合宿ではC男が何気ないところでいろいろ配慮して行動していることが分かって，C男の良い面を見ることができたと喜んでいたとのことだった。さらに，試験観察に

なってからのＣ男は，二人乗り事件があったものの，安心して見ていられると母も喜んでいた。その後，交際相手は男の子を出産し，Ｃ男は父親となった。最初は，交際相手の妊娠を苦々しく思っていた父母も，若いおじいちゃん，おばあちゃんになって，交際相手の実家にいる孫の顔を見に行くようになっていた。Ｃ男は，今後は，働いて金を貯めて，自分たち親子で家を借りて暮らしたいと考えるようになっていた。この時点で，Ｃ男に対しては，試験観察の結果は良好であり，その後，指導監督の必要はないと判断して，不処分という決定がなされた。なお，Ｃ男については，不処分決定後，成人に達するまで再非行は見られなかった。

4. 考察

　Ｃ男の立ち直りを支えたものは，次の要因であると考えられる。①Ｃ男は，家族との関係において基本的な信頼関係は形成されていたこと，②Ｃ男，家族ともにＣ男の立ち直りの可能性を期待していたことである。こうした状況下，家庭裁判所から親子合宿への参加を求めることによって，Ｃ男と父母が，明確に親子関係が自分たち家族のテーマであることに気づくことを促進したことが出来たことが，立ち直りを大きく支えたものと考える。これは，Ｃ男が抱えている解決困難に見える「問題」が，親子そして家族が自らの力で解決するための具体的な「課題」に変化したものととらえることができる。

　こうした援助場面での視点の変化を示したものが図3-1である。

　これは，佐藤悦子が「グリーフワークの同伴者としての家族ソーシャル・ワーク」[1)]

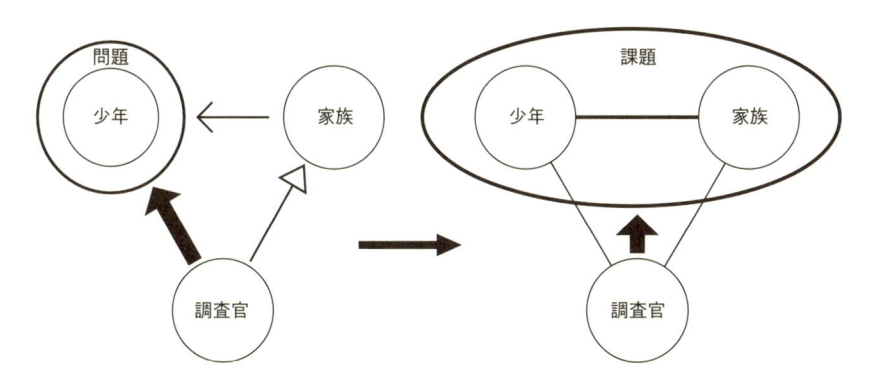

図3-1　援助場面における視点の変化

において提示した家族援助における三項関係（患者，家族，MSW）をもとにした援助モデルを参考とし，従来の援助の主流であったとも言える個別援助モデルから，家族システムへの援助モデルへと視点を移行させたことを示している。さらに，具体的な援助場面では，こうした動きは，単に題目として親子関係を調整しなければならないということを当事者に訴えるのではなく，親子合宿という具体的なメニューを当事者に提示することによって，家族自体に，親子関係が「問題」とされていることを示し，子どもの問題から親子の「課題」へという，問題のリフレームが起こることが，その効果となって表れてきていると考えられる。

第2節 非行臨床における親への教育的支援活動

1. 親への教育的支援活動としての親子合宿

　前節では，一つの事例の流れの中で親子合宿にも触れたが，本節では親への教育的支援活動として親子合宿での家族グループ構築プロセスに焦点を当てる。これは，非行からの立ち直りに関して，日常の親子が関わる場面に近いところで親子の関係のあり方を観察し，適切な働きかけを行う手だてを見極める機会であり，親子関係の改善の程度を単に家庭裁判所の面接室や審判廷の中で得られた情報のみで判断するよりも，より的確な判断ができるという点で有用である。

　その例として一つ挙げる。目隠し探検と名付けたプログラムである。これは，親子がペアになり，互いに目隠しをしたパートナーを無言のまま自然探検につれていくというものである。この実習で，親子は目隠ししたパートナーへの気遣いはどのようにするのか，目隠しをしている中でどのようにパートナーに身を任せるのかといった状況に当面する。この実習には現状の親子関係が反映されており，自分たち親子の距離や関係を見つめ直す契機となることが多い。そうしたプログラムの中の親子関係は様々である。図3-2で示すように，目隠しをした子どもへの配慮なく，自分が興味のあるものの方へ子どもを引っ張っていく親。目隠しした子どもが見えないにもかかわらず，親そっちのけで1人で歩こうとするのを見ておろおろする親。逆に，適度に配慮しあい目隠しの探検を互いに楽しむ親子の姿など，様々な親子の姿が如実に表れるのである。このように，親子合宿はふだんの日常生活の中では気づかなかった自らの親子関係に気づくことによって，これまでの親子関係を見直し，

図3-2 目隠し探検での様子

親子間にお互いに居心地の良い距離を見つけ出したり，新たな親子関係を形成する契機となっている。さらに，こうした探検を数組の親子で実施することにより，他の親子の関係と自らの親子関係を対比的に受け止めることによって，一層自らの状況を受け止めやすくなっていることも，孤立しがちな非行少年とその親にとって有効である。

さらに，親子合宿では，こうした親子が直接に関わり合うプログラム以外のプログラムも行っている。例えば，参加者全員で大きな机を作り上げるというように全体で一つの課題に取り組むものもある。また，ある子どもと別の子どもの親とが一つのチームを作り，課題を解決していくものなど，複数の親子が合宿していることを最大限生かすプログラム構成をしている。このような様々な関わりを通して，参加者がどのようなことを感じたのか，考えたのかといったことを一人一人の言葉で

ふりかえる時間を持つ。そして，そのふりかえりを踏まえて，参加者相互にふりかえりを分かち合うという時間を持つ。このように実習，ふりかえり，分かち合いという活動を通して，互いの感情や受け止め方を理解し合う。こうした活動を通して，親子間の相互理解を深めたり，互いの受け止め方の違いを再確認することを促進しているのである。

　さらに，親と子どもが関わり合うプログラム以外に，夜のプログラムとして，子どもグループと親グループとに分けて，話し合いの時間を設けている。これは，その日一日の自分たちの動きを踏まえて，互いの思いを話し合う時間であり，この合宿での体験をどのように受け止めたかといったことが話し合われる。

2. 親同士の話し合いの実際

　親子合宿の中で初めて親同士の話し合いがもたれるのは1日目夜である。これは，家庭裁判所に集合し，現地に移動し，野外炊事や，親は子を，子は親を紹介する，すなわち他己紹介の時間を持つなどした後に設定している。この話し合いの場には，家庭裁判所調査官も同席し，話し合いをサポートする役割を担っているが，それぞれの親は，家庭裁判所調査官に促されるなどして，合宿参加までの思いや，1日目の自分や子どもの動きなどについての気持ちをそれぞれに語る。一言に参加までの思いといっても，1日仕事を抜けると60万円の損失であるが，仕事の損失など言ってられないとして，合宿参加を決意したという父親，子どもの非行のことで自分までが合宿につれてこられなければならなかったのかといった思いから，参加直前に親子喧嘩をして険悪な気持ちのまま参加してきたという母親，自分は親子合宿を子どもの立ち直りの最後のチャンスと決意したのに，参加してみると子どもはそうした親の意欲とは裏腹に終始やる気のない子どもの姿を見て落胆したという思いを表明する父親，さらには試験観察というチャンスをもらって子どもが意欲を持って立ち直りに努力している姿が合宿1日目でも確認できたとする母親など，一人一人の親子合宿が参加に至るプロセスやそれにまつわる親子関係の状況は肯定的なものもあれば否定的なものもあり，きわめて多種多様である。そうした自らの思いを率直に表明することが守られる場を通して，親同士が一つのグループを形成し，自分の子どもだけに関わるのではなく，参加した全ての子どもに関わっていく態度形成が促進されるのである。

2日目の話し合いは，農作業や林業などの実習など参加者全員が一つの作業に取り組むといったプログラム，前述の目隠し探検などの体験を行った後の夜に持たれる。その日の様々な活動を踏まえて，子どもと自分との関係についての気づきのみならず，他の子どもについて気づいた肯定的な面をその親に伝えるなどする動きが話し合いの中で見られる。また，翌日には親子合宿は終わり，日常生活に戻っていくが，これから子どもとの関わり方を変えていきたいといったことが話し合われる。その話し合いでは，合宿生活を共にすることで見えてきている他のメンバーの親子関係に対する見方などを伝え合う場ともなっている。例えば，これまで子どもに対しては感情を出さないように配慮してきたと言う母親に対して別の父親が「自分は，自分の感情ばかりで子どもに接してきて，反省しているが，ある程度は自分の気持ちを子どもに伝えた方がいいのではないか。そのバランスが大切じゃないだろうか」と言ったりすることがあった。また，まだ今後に不安が大きいと述べる父親に対して別の母親は「私もそうした不安ばかりが先に立っていた時もあったが，きちんとやってくれると思うようになり，ずいぶん気が楽になった」として，自らの体験を踏まえて，援助的に関わったこともあった。さらに，自らが子ども世代の時をふりかえり，その当時の親から受けた養育の様子などを問わず語りに話し始め，自分自身がこれからどう生きていくのかといった話に展開するなどしており，自分自身の生き方や子どもとのよりよいあり方を模索する姿が親同士の話し合いの中で展開される。また，父親に参加してもらいたかったが，父親は子どものことは母親任せにする気持ちが強く，参加してくれなかったと言う母親が，合宿に参加している父親を見て，「うちのお父さんには，ここにお父さんで来ていた人がいると話をして，これからちゃんと子どもに関わってもらいたい」と話すと，父親が「私も最初はそうでした。お父さんにもいろいろ事情はありますよ。出来ることからやってもらわないと仕方がないんじゃないですか」といったやりとりが見られたりする。これは，ややもすれば父親批判に終始しかねない状況の中で，父親を非難するばかりではなく，互いに協力し合うことの大切さを語り合う結果となっていた。このように自分自身の経験を通して得た家族のあり方を語り合う様子が随所に見られる。そうした話し合いについての感想として，これまで参加した親からは次のような感想が出されている。

「障害を持った子どものいる家族が親の会を持っていると聞くことがあったが，

実際のところ，なぜ親が集まるのかよく分からなかった。しかし，この話し合いを通して，その意味が初めて分かった。」

「これまで自分の子どもの非行について誰にも話すことができずに1人で悩んでいたが，この話し合いで同じような悩みを持っている人と打ち解け合えたことが良かった。」

こうした体験を持ち帰った親の状況を見ると，子どもとの間に，適度に居心地のよい距離を保ちながらも，子どもへの関わりを保ち，親子関係が改善し，子どもの更生に大いに寄与している事例が数多く見られている。

3. 親同士の話し合いが意味するもの

このように2泊3日という限られた期間における親子合宿であるということから，親同士の話し合いは毎夜2回のセッションのみに限られているが，参加した親にとっては，これまでの親子関係をふりかえり，新たな親子関係を形作るための課題が明らかになったり，方向性を見出す機会となるなど意味のあるものとなっている。

いわゆる非行少年の親は孤独である。子どもの問題行動の要因としても，家族が隣人をはじめとする地域社会との接点が少なくなり，閉ざされた家族となっていることによって，子どもが他者との関わり合いの中で社会性を育てているということが乏しくなっているとの指摘が数多くなされているが，非行少年の親の場合も同様である。また，少年非行が集団化していると指摘されるが，現実には，共犯少年との間でさえ，情緒的な親密感は薄まっている上，共犯少年の親同士の間では，我が子は他の共犯少年に引き込まれたとの思いをそれぞれの親が抱いていることが多く，子どもの立ち直りに向けて親同士が連帯するといった動きは乏しくなってきている。さらに，例えば不登校などと異なり，非行という社会的にも大きく問題視されることをしてしまった子どもを持つ親は，非難されこそすれ，支援される機会はほとんどないと言っても過言ではないだろう。

こうした状況の中で，親子合宿での親同士の話し合いは，参加した親にとって，今後の子どもとの関わりにおいて大きな意味を持つものとなっている。

そこで，野島一彦が挙げたグループ・アプローチの効果的要因[2]及び小野修が挙げた不登校児の親のためのグループ・アプローチの援助要因[3]を参考にしながら，

親子合宿での親同士の話し合いの効果的要因について，6点にまとめてみた。
 ①孤独感，被害感からの解放：自分以外にも我が子の問題に悩んでいる人の存在を知り，自分の家族だけが特異なのではないということを自覚し，気持ちの持ち方が楽になる。特に親子合宿での親同士の関係は，地域社会などの日常的な関係ではないために，これまでの固着した人間関係にとらわれることなく，自由に感情や考えを表明することができることがこうした解放に寄与している。
 ②カタルシス：これまでの生活の中で，自分の中に抑圧あるいは否認してきた自分自身や子どもへの肯定的，あるいは否定的な感情を自由に表明することによって，感情表現の重要さを体験することで，子どもとの関係の中での感情交流の大切さを学び取る。
 ③立ち直りへの希望：親子合宿の中では，立ち直りを確認するねらいで参加する親子もいれば，これからの立ち直りのきっかけ作りをねらいとして参加する親子もいる。このように多様な親子が参加することにより，立ち直りのきっかけ作りをねらいとしている親が立ち直りを確認している親の姿を見て，いずれ立ち直ることができるという希望を持つことによって親自身の心理的な安定につながる。
 ④親の主体性の高まり：家庭裁判所の手続きでは，一般的に親子は処分される，裁かれるという受動的な姿勢に立つことが多いが，親子合宿での体験や親同士の話し合いを通して，自らが新たな親子関係形成に関わるのだというように，親自身の姿勢が主体的なものに変化していく。
 ⑤対人関係学習：子どもの非行という共通体験を持った人同士，あるいは話し合いに参加した家庭裁判所調査官との関係の中で，受容的な態度，他者の考えを傾聴する態度を学習し，自己表現力や感受性が高まり，子どもに対する養育態度にも受容的な態度が高まる。
 ⑥子どもの非行の意味を明確化：親同士の話し合いを通して，これまでの親子関係のあり方や，子どもへの接し方について，自分自身がふりかえることに加え，他のメンバーのふりかえりに接することを通して，子どもの非行の意味を知的に理解したり解釈することにより，親子関係における問題点を明確化することができる。この過程を通して，子どもへの働きかけのポイントも焦点化され，親自身の不安も減少していく。

このような点で，いわゆる非行少年の親に対する支援活動としての親同士の話し合いの持つ意味は大きいことが明らかになった。

しかし，実際上，家庭裁判所における親子合宿に参加することが可能な親子は，現在のところ年間10数事例であり，家庭裁判所で関わっている膨大な事件の中で割合としては少ない点が親子合宿運営上の大きな問題である。親子合宿を運営していた経験では，少年の側が参加の意欲を示しても，親の側の要因で参加できない事例を分析すると，物理的な意味で仕事が多忙で日程がとれないといった理由で参加できない親もかなりある。しかし，そうした物理的な要因だけではなく，何とか保っている親自身の心理的な安定を脅かされるのではないかという不安感の強さから参加しない事例も見られることが，参加者数の相対的な少なさに結びついているのではないかと考える。

参加者の主体的な関わりを大切にする取り組みである以上，こうした事例を強引に参加させるということは避けねばならないことは当然である。だが，家庭裁判所調査官としては参加させることが有益と考えられる親子に対して，たとえ参加を拒否されたとしても，こうした親子合宿に参加することを提案することによって，対象としている親子に対して，親子関係の調整が少年の立ち直りの一つの鍵であることを具体的に明示すること自体に意味があると考える。

こうしたことから親子合宿という枠組みは大切にしながらも，親同士の話し合いを中心に据えた，より参加しやすい形で親同士の話し合いを構造化した別の枠組みを形作ることも必要であると考えるようになった。

4. 非行少年への処遇としての「家族グループ」の展開に向けて

それでは，親同士の話し合いを中心に据えた，より参加しやすい形態でのグループ活動はどのように展開していけばよいのであろうか。問題行動のある人の家族に関わる取り組みは，不登校傾向のある人，精神障害を持った人，薬物乱用傾向のある人の家族に対するグループ活動の実践はこれまで数多く行われてきていた。しかも，その有用性は，先に親同士の話し合いの効果の要因として指摘した効果と同じような効果が得られており，総務庁が麻薬・覚せい剤等に関する実態調査結果に基づき，1998（平成10）年に文部省，厚生省など13省庁に対して行った勧告の中で，厚生省に対しては，全ての精神保健福祉センターにおける専門相談及び家族教室の

実施を勧告していることからも明らかである。こうした家族教室は，実施している機関によっても様々であるが，月に数回家族の方々を中心とした参加者が，当面している病気や問題行動，それに対する治療，立ち直りを支援する福祉制度等に関する正しい知識を学ぶ機会と，家族同士の懇談の時間という位置づけがなされているものが多い。

　こうしたこれまでの実践をヒントにすると，合宿形式ではなく，通所形式でのいわゆる非行少年の親を対象とした「家族グループ」の展開も可能であろう。

　なお，ここで，「家族教室」とせずに，「家族グループ」と名付けたのは，「教室」という言葉の持つイメージが，親が何かを教わるという受動的なニュアンスを示していると考えたためであり，主体的な参加という特色を明らかにするために「グループ」としたという理由によるものである。

　実際，少年非行の分野での実践としても，生島浩[4]が横浜保護観察所における「家族教室」の実践を紹介している。これは，保護観察に付された少年の家族で任意に参加希望があった者に対して，ソーシャルスキルトレーニングという生活技能訓練を中心とした構成的なセッションを実施するものがある。しかし，生島自身が，「対人交流技術の〈学習の場〉としての機能と〈癒しの場〉としての機能の折り合いをどうつけていくのかが大きな課題である」と指摘しているように，こうした集まりを教育的な場とするのか，相互支援の場とするのかという位置づけを明確にする必要がある。

　次に，こうした「家族グループ」を具体化する方策について検討したい。まず，「家族グループ」を主宰する機関であるが，非行少年の処遇を担っている既存の機関である家庭裁判所（主に試験観察の枠組みにおいて），保護観察所あるいは少年院といった公的機関が主宰するものと，例えば不登校児の親のための支援グループや薬物乱用傾向のある人の支援グループといったもののように，少年非行に関わるいわば自助グループに近い形での組織が主宰するものとが考えられる。むろん任意の団体であるといっても，ファシリテーターには非行少年に関わる専門的な知識が必要であり，具体的な参加を呼びかけるためには公的な機関の支援が不可欠であるが，任意の団体が主宰するものであれば，参加する親が自発的に参加するという色彩が強まり，参加した親が受ける効果もより期待できる。逆に，公的な機関が主宰するものであれば，任意参加の形態をとれるとしても，働きかけを受けて参加する

という色彩が強まるだろう。この点をどう考えるかであるが、筆者としては、①非行少年の親が積極的に任意の団体に関わっていくというのは参加者自身にかなりの動機づけが必要であり、多数の親の参加が見込めないこと、②親子関係の改善はほとんど全ての非行少年に関係する課題であり、幅広い親の参加が期待できること、③親子関係の改善にはこうした集団での処遇と共に個別的な処遇が相互に補完し合う方がより効果的であることなどから、家庭裁判所、保護観察所、少年院といった公的な機関が主宰し、少年への処遇と並行して「家族グループ」を処遇の中に位置づけていくことが効果的であると考える。さらに、こうした自発的な「家族グループ」の実践を足がかりとして、やや自発的な参加形態とは異なるものとなるだろうが、保護者に対して「家族グループへの参加命令」というような形で、「家族グループ」を非行少年に対する処遇の一類型として位置づけることも可能になってくるものと考える。

　以上、子どものしつけを考えるというテーマの中で、非行などの問題行動が生じた後の子どもへの対応について考えてきた。その結果、少年非行に関わる機関への提言として、「家族グループ」という親への支援活動が非行少年に求められる処遇の一環として考えなければならないことを明らかにした。

●注釈
1) 佐藤悦子「グリーフ・ワークの同伴者としての家族ソーシャル・ワーク ―家族福祉試論(7)―」立教大学社会福祉研究所『立教社会福祉研究』第16号　1996年　p.1
2) 野島一彦「グループ・アプローチへの招待」(野島一彦編『現代のエスプリ　グループ・アプローチ』至文堂　1999年　pp.9～10)
3) 小野　修「不登校児の親のためのグループ・アプローチ」(野島一彦編『現代のエスプリ　グループ・アプローチ』至文堂　1999年　pp.122～124)
4) 生島　浩『非行少年への対応と援助』金剛出版　1993年　pp.129～141

第4章

家庭教育支援

　第2章では，主として少年非行の動向を手がかりとして，現代の家族が抱えている具体的な問題を明らかにしてきた。そして，第3章では，非行に焦点を当てて，その問題状況に対して，その問題の意味を解明した。その上で，家族に対する支援していくプロセスを親子合宿というユニークな支援活動に焦点を当てた。これは複数の家族が共に集中的なグループ活動を行うことを通して，子どもと親との関係性の改善が促進されるものである。そして，この改善を支えるものとして，親同士が互いに支え合い，自らの子どもへの関わり方を学びの素材としていることの意味を明らかにした。
　このように非行に焦点を当てて，家族の状況，家族への支援のあり方を考察してきた。そして，ここで得た知見を，非行などの問題行動が生じた後の親に対する支援活動という限定的な枠組みに止めず，より日常的な子育てに対する支援活動の中で考えてみることとするのが，本章以降の大きなテーマである。
　そこで，まず我が国における今日の家庭教育支援の動向を概括することとしたい。

第1節　家庭教育支援の展開及び動向

　今日，我が国では，この日常的な子育てに対する支援活動を「家庭教育支援」として，現在様々な事業が展開されている。そこで，本節では，我が国における家庭教育支援の歴史的な展開，そして現在の動向について，概括したい。

1. 我が国の家庭教育支援に関する政策の歩み
(1) 戦前の家庭教育振興策

　我が国における戦前の家庭教育振興の歩みについては，1965（昭和40）年当時，文部省社会教育官であった藤原英夫と文部省婦人教育課長であった塩ハマ子が編者となり，当時の文部省婦人教育課員が執筆した『家庭教育学級の開設と運営』において「文部省における家庭教育振興策の経緯」という項目を設け，これまでの経緯を総括している[1]。そこで，この経緯を概括すると次のようにとらえることができる。

　日本で，家庭教育が行政の施策として取り上げられるようになったのは，1930年代に展開された家庭教育振興策からであると言われている。その中でも，1930（昭和5）年12月23日，文部省訓令「家庭教育振興の件」第18号がその端緒である。

　これによると，「国運の隆替風教の振否は固より学校教育ならびに社会教育に負う所大なりと雖も之が根蒂をなすものは，実に家庭教育たり，蓋し家庭は心身育成人格函養の苗圃にしてその風尚は直ちに子女の性行を支配す」と家庭教育の重要性を指摘した上で，「家庭教育の不振之が重要原因をなすものとして国民の深く省慮すべき所なり」として，今日でいう家庭の教育力の低下を指摘し，「家庭教育は固より父母共にその責に任ずべきなりと雖も特に婦人の責任重且大なるものあり従って斯教育の振興は先づ婦人団体の奮励を促し之を通じて一般婦人の自覚を喚起するを主眼とす」として，女性団体の普及と活動が奨励されていた。

　この訓令を受けて，同日付で大日本聯合婦人会が創立され，研究会，講習会，講演会，家庭教育相談所などの活動が行われた。

　このように，教育を下支えするものとしての家庭教育の役割を強調しているが，こうした背景には，1931（昭和6）年満州事変，1932（昭和7）年の5・15事件，1933（昭和8）年の国際連盟脱退というように，第二次世界大戦に向けて急速に戦時体制に入り，「思想各何，経済国難」が叫ばれた社会情勢下での家庭教育振興策であった。こうした時代背景の中で，国力増強のために家庭教育の重要性が指摘されている点も見逃せない。さらに戦時体制下の1943（昭和18）年には戦時家庭生活における生産と消費，国防訓練，子女の教育・養護についての啓発を目的にして「母親学級」が設立された。これはもはや個々の営みである家庭教育を支援すると

は言いがたく，政府にとっての「あるべき家族」を実現させるための施策としての家庭教育振興策だった。個別の家族にとっての「よりよき家族」の実現といった思想は全く見られないものと言えよう。

(2) 母親学級から社会学級へ

　1945（昭和20）年8月15日終戦を迎えたが，そのわずか1ヶ月後の9月15日に文部省は「新日本建設の教育方針」を明らかにし，同年11月6日付文部次官通知「社会教育の振興に関する件」において「5. 家庭教育に関する講習会，婦人に対する特別講座等を開設して家庭教育の振興に資する」ことが振興策の一つとして取り上げられている。この次官通知を受け，同年11月24日付社会教育局長通知として「昭和二十年度婦人教養施設に関する件」が出され，母親学級の開設と家庭教育指定町村の開設について述べられている。この施策は，「戦後の学校教育の理念として地域社会学校（community school）を唱えるに至って，地域社会，特に両親の協力をもとめるために，まず母親に新しい教育思想や方法を理解させる必要から急速にひろまった。[2]」と言われるように，戦後の新教育のあり方を家族に伝える機能を有していた。しかし，「古い伝統」の継続を警戒し「父親を含めた成人教育こそ民主主義にふさわしい」とする占領軍当局の意向を受けて，母親学級は，1947（昭和22）年になり，対象を母親，両親のみに限らず一般成人を対象とした「社会学級」として，公民教育すなわち社会教育としての位置づけが強まることとなった。この過程を通して，家庭教育は社会教育の一部として位置づけられ，1949（昭和24）年に制定された教育基本法でも第7条「家庭教育及び勤労の場所その他社会において行われる教育は，国及び地方公共団体によって奨励されなければならない」というように家庭教育を含んだ形で社会教育についてを規定することとなった。

　このように昭和初期から国力増強のために奨励された家庭教育振興策は終戦後，その形を公民教育を目的としたものに位置づけられようとした。しかし，結果的に家庭教育に限らない広く成人のための教育として社会教育施策へとその形を大きく変化させる形で，終焉を迎えたということができよう。

(3) 家庭教育学級の施策化

　1960年代（昭和30～40年代）から，再び青少年の健全育成，学校教育の偏重，

第4章 家庭教育支援

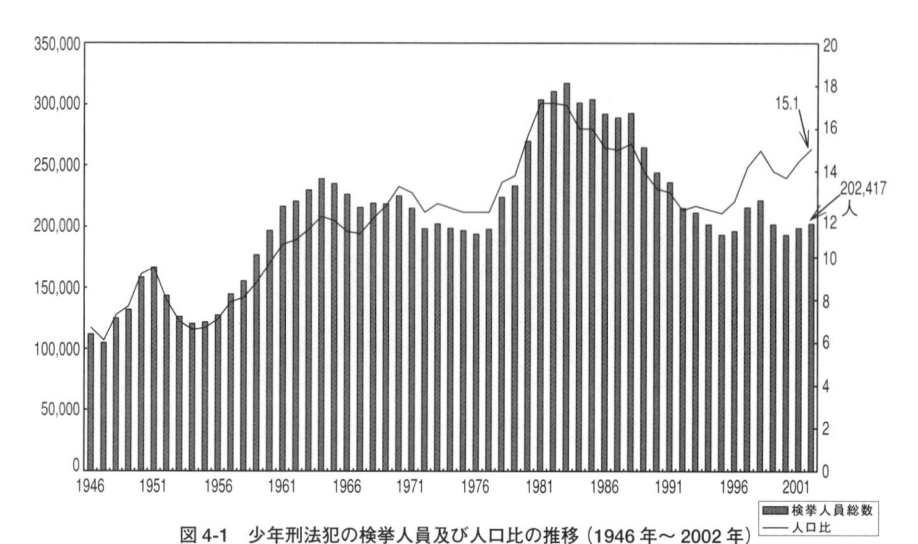

図4-1 少年刑法犯の検挙人員及び人口比の推移（1946年～2002年）

注1 警察庁の統計及び総務省統計局の人口資料による。
 2 1970年以降は，触法少年の交通関係業過を除く。
 3 少年の「人口比」は，10歳以上20歳未満の少年人口1,000人当たりの少年刑法犯検挙人員の比率である。

出典　法務総合研究所　平成15年版　犯罪白書

図4-2 全刑法犯検挙人員中に少年が占める割合の年次推移
（法務省法務総合研究所編『犯罪白書（平成15年版）』から作成）

家庭生活の見直し等が指摘される中で家庭教育の重要性が認識されるようになっていた。この背景には，少年非行の増加がある。ここで再度，少年刑法犯の検挙人員の推移を見てみよう（図4-1）。

これを見ると戦後の混乱期の少年非行増加がひとまず収束した1954（昭和29）年を境に，徐々に増加し，1961（昭和36）年には非行者率（10歳以上20歳未満の少年人口1,000人当たりの少年刑法犯検挙人員の比率）が10.6と10を超えていることが分かる。また，全刑法犯検挙人員中に少年が占める割合（図4-2）を見ると，1962（昭和37）年には全刑法犯検挙人員中に少年が占める割合が35.2％と過去最高（1946年から2002年に至るまでで最高の割合）となっていることが分かる[3]。

この少年非行のピークは，戦後まもなくの混乱期のピークの次にやってきた第二の波と言われる。これは高度成長に伴う社会変動に伴い，都市に流入する少年が増加したことなどによるピークであり，「繁栄の落とし子」による非行の時代と言われている。こうした状況を受け，1962年11月27日，中央青少年問題協議会が「青少年対策の強化について」を意見具申しており，「青少年の犯罪の増加，国民の連帯感，祖国愛，人間愛，遵法精神が欠如しがちであり，家庭の人間形成の場としての機能が低下している。親と子が意志を疎通しあい，健全な子どもを育てるための基盤である家庭教育の振興と，学校，社会を通じて行われる道徳教育の充実をはかること」との意見が出されている。

文部省においても，1961年に社会教育局に「家庭教育，地域教育を含む婦人教育に関する事務をつかさどる」婦人教育課が新設された。1962年に文部省は家庭教育を国の重要施策として取り上げ，家庭教育振興のために200万円が予算化され，家庭教育資料作成のために家庭教育専門研究会が組織化され，1963（昭和38）年，家庭教育資料第1集『子どもの成長と家庭』を発行した。その上で，1964（昭和39）年から市町村が開設する家庭教育学級に対して，予算補助する形で家庭教育学級を施策化するに至った。

この家庭教育学級は，開設当時である1964年度で開設数8,323箇所，参加人員597,023人にのぼった。その後，家庭教育に関する学習機会としては，市町村，PTA，婦人団体等，その開設主体は地域の特性に応じて様々であるが，1992（平成4）年度の家庭教育学級の開設数は約29,000学級，参加者数は194万人に達している。我が国の小学校数が1970（昭和45）年以降約24,000校で推移していることを

見ると，家庭教育学級はほぼ一小学校に一学級組織されているものと見て良いだろう。

また，家庭教育支援の施策として，特に乳幼児期の子どもを持つ親を対象とした「乳幼児学級」，新婚・妊娠期のこれから親になる男女を対象とした「明日の親のための学級」，共働き家庭を対象とした「働く親のための学級」，思春期にある子どもを持つ親を対象とした「思春期セミナー」など，その特性に応じた多様な学習機会を提供することとなった。

さて，この施策によって予算補助する家庭教育学級には，①家庭教育学級の企画，運営は市町村教育委員会が行うものであること，②一学級の開設時間数は20時間以上であること，③学習内容は，家庭教育に関するものであることという条件が科せられている。このうち，③の条件については，施策の趣旨から考えて当然であろう。また，条件①については，PTAや婦人会などの社会教育関係団体が独自に開設したり，これらの団体に市町村が企画，運営させるものは補助団体から外すことを明文化したものである。つまり，市町村教育委員会がその運営に責任を持って関わることを条件としているのが特徴である。次に②の条件については，継続的な学習機会を提供することを促進するものである。

2. 今日の家庭教育支援の展開

1998（平成10）年4月，当時の文部省（現文部科学省）生涯学習局に，家庭教育支援室（文部科学省における英文標記はOffice for the Support of Education in the home）が設置された。この家庭教育支援室は，婦人教育課から名称変更された男女共同参画学習課内に新たに設置されたものである。その設置の趣旨について，平成10年版教育白書『我が国の文教政策』では，第4節「心の教育の基礎となる家庭教育の充実」として，次のように記載されている。

「家庭教育は，基本的な生活習慣や倫理観，自制心，自立心など『生きる力』の基礎的な資質や能力を育成するものであり，すべての教育の出発点である。しかし，近年の都市化，核家族化，少子化，地域における地縁的つながりの希薄化など家庭や家庭を取り巻く社会状況の変化の中で，家庭の教育力の低下が指摘されている。このため文部省では，1998年4月に家庭教育支援室を新たに設置し，家庭教育に関する様々な学習機会を提供するとともに，相談体制の充実，普及啓発の推進を図

り，家庭の教育力の充実を支援している。[4]」

　この家庭教育支援室の設置に至る背景には，次のような審議会答申が存在する。まず，1996（平成8）年7月に出された当時の文部省中央教育審議会第一次答申「21世紀を展望した我が国の教育の在り方について」を見てみよう。

　この答申では，第1部としてまず，今後の教育のあり方を考える出発点として，「子供たちの生活と家庭や地域社会の現状」を明らかにしている。そこでは，家庭について，「核家族化や少子化の進行，父親の単身赴任や仕事中心のライフ・スタイルに伴う家庭での存在感の希薄化，女性の社会進出にもかかわらず遅れている家庭と職業生活を両立する条件の整備，家庭教育に対する親の自覚の不足，親の過保護や放任などから，その教育力は低下する傾向にあると考えられる[5]」と指摘している。その上で，「第2部　学校・家庭・地域社会の役割と連携の在り方」の中の「第3章　これからの家庭教育の在り方」と題して，(1)これからの家庭教育のあり方，(2)家庭教育の条件整備と充実方策について明らかにしている。

　このうち，(1)のこれからの家庭教育のあり方としてとして次の3点を強調している。

① 家庭教育は，乳幼児期の親子のきずなの形成に始まる家族との触れ合いを通じ，[生きる力]の基礎的な資質や能力を育成するものであり，全ての教育の出発点である。
② とりわけ，基本的な生活習慣・生活能力，豊かな情操，他人に対する思いやり，善悪の判断などの基本的倫理観，社会的なマナー，自制心や自立心など[生きる力]の基礎的な資質や能力は，家庭教育においてこそ培われる。
③ 親がその（家庭教育についての）責任を充分発揮することを望みたい。

　このように，家庭教育が教育の出発点であるとしている。しかし，先の現状のように，出発点である家庭教育は低下しており，それを支援する必要があるという認識に立ち，(2)家庭の条件整備と充実方策として，①家庭教育に関する学習機会の充実，②子育て支援ネットワークづくりの推進，③親子の共同体験の機会の充実，④父親の家庭教育参加の支援・促進という4項目を提起している。

　この答申で注目したいのは，「家庭における教育は，本来すべて家庭の責任にゆ

だねられており,それぞれの価値観やスタイルに基づいて行われるべきものである。したがって,行政の役割は,あくまで条件整備を通じて,家庭の教育力の充実を支援していく」という姿勢にあることである。すなわち,1996年の中央教育審議会答申の段階では,家庭教育への支援という言葉はなく,あくまで家庭での教育の条件を整備するというレベルでの支援に止まっていたと言えるだろう。

　ここで,家庭教育支援と近接した施策である子育て支援に関する施策との関連を見ることとする。この子育て支援の施策は,1994（平成6）年12月,文部・厚生・労働・建設の4大臣の合意により策定された「今後の子育て支援のための施策の基本的方向について」（エンゼルプラン）が大きな契機となっている[6]。この「エンゼルプラン」は,今後10年間における子育て支援のための基本的方向と重点施策を盛り込んだものである。そして,この施策は次の3点を大きな柱としている。

① 安心して出産や育児ができる環境作り
② 家庭における子育てを基本とした「子育て支援社会」作り
③ 子育て支援策における「子どもの利益」の尊重

そして,その基本的方向として,次の五つの点が示され,それに伴う重点施策を明らかにしている（→以降は重点施策を示す）。

①子育てと仕事の両立支援
　　　→育児休業給付の実施など
　　　　多様な保育サービスの充実など
②家庭における子育て支援
　　　→地域子育て支援センターの大幅拡充など
　　　　母子保健医療体制の充実など
③子育てのための住宅及び生活環境の実現
　　　→ゆとりある住宅の整備など
④ゆとりある教育の実現と健全育成
　　　→教育内容・方法の改善など

⑤子育てコストの軽減
　→ 保育料の軽減・負担の公平化など

　このように，これまでの子育て支援の施策は，あくまで少子化対策として，「生みたいのに生めない」という人に対する支援，「安心して子育てをしたい」という人への支援を柱となっているものである。これは，1996年の中央教育審議会答申段階での家庭教育支援施策のとらえ方と同じく，行政の役割はあくまで条件整備というレベルでの支援であるという姿勢が明確であった。このように，子育て支援や以前の家庭教育支援の施策は，あくまで「支援」に力点が置かれたものであった。
　しかし，この条件整備という性質はその後大きく変化することとなる。1997（平成9）年8月，文部大臣は中央教育審議会に対して，幼児期からの心の教育のあり方について諮問している。その諮問に際して，文部大臣による諮問理由の中で，「折しも，神戸市須磨区の児童殺害事件においては，中学生が容疑者として逮捕され，私も教育行政をあずかる立場にある者として大変衝撃を受けるとともに，心の教育の重要性を改めて痛感したところであります」とした上で，次の三つの点を特に検討してもらいたいとしている。

① 子どもの心の成長をめぐる状況と今後重視すべき心の教育の視点
② 幼児期からの発達段階を踏まえた心の教育のあり方
③ 家庭，地域社会，学校，関係機関が連携・協力して取り組む心の教育のあり方

　この諮問を受け，1998年6月，中央教育審議会は「新しい時代を拓く心を育てるために―次世代を育てる心を失う危機―」と題して，「幼児期からの心の教育の在り方について」に対する答申を行った[7]。
　この答申では，「我々は，子どもたちの心をめぐる問題が広範にわたることを踏まえ，社会全体，家庭，地域社会，学校それぞれについてその在り方を見直し，子どもたちのよりよい成長を目指してどのような点に今取り組んでいくべきかということを具体的に提言することとした。特に，過保護や過干渉，育児不安の広がりやしつけへの自信の喪失など，今日の家庭における教育の問題は座視できない状況になっている」として，家庭教育に対する問題意識は1996年の答申の時点よりもさ

らに強いものとなっている。
　そして，「もう一度家庭を見直そう」として，以下に挙げるような具体的な提言を行っている。

i) 家庭のあり方を問い直そう
　(a) 思いやりのある明るい円満な家庭を作ろう
　(b) 夫婦間で一致協力して子育てをしよう
　(c) 会話を増やし，家族の絆を深めよう
　(d) 家族一緒の食事を大切にしよう
　(e) 過干渉をやめよう
　(f) 父親の影響力を大切にしよう
　(g) ひとり親家庭も自信を持って子育てをしよう

ii) 悪いことは悪いとしっかりしつけよう
　(a) やってはいけないことや間違った行いはしっかり正そう
　(b) 自分の行いには責任があるということに気づかせよう
　(c) 自分の子だけよければよいという考え方をやめよう
　(d) 思春期の子どもから逃げず，正面から向かい合おう
　(e) 「普通の子」の「いきなり型」非行の前にあるサインを見逃さないようにしよう
　(f) 身の回りの小さなことから，環境を大切にする心を育てよう

iii) 思いやりのある子どもを育てよう
　(a) 祖父母を大切にする親の姿を見せよう
　(b) 手助けの必要な人を思いやれるようにしよう
　(c) 差別や偏見は許されないことに気づかせよう
　(d) 生き物との触れ合いを通して，命の大切さを実感させよう
　(e) 幼児には親が本を読んで聞かせよう

iv) 子どもの個性を大切にし，未来への夢を持たせよう
　(a) 幼児期から子どもの平均値や相対的な順位にとらわれることをやめよう
　(b) 子どもの良いところをほめて伸ばそう
　(c) 人間としての生き方やこれからの社会について子どもに語りかけ，子どもの

将来の夢と希望を聞こう
ⅴ）家庭で守るべきルールを作ろう
　(a) それぞれの家庭で生活のきまりやルールを作ろう
　(b) 幼児期から小さくとも家事を担わせ，責任感や自立心を育てよう
　(c) 朝の「おはよう」から始めて礼儀を身に付けさせよう
　(d) 子どもに我慢を覚えさせよう―モノの買い与えすぎは，子どもの心をゆがめる
　(e) 家庭内の年中行事や催事を見直そう
　(f) 子ども部屋を閉ざさないようにしよう
　(g) 無際限にテレビやテレビゲームに浸らせないようにしよう
　(h) 暴力や性に関するテレビ・ビデオの視聴に親が介入・関与をしよう
ⅵ）遊びの重要性を再認識しよう
　(a)「遊び」が特に幼児期から小学生段階で大切なことを認識しよう
　(b) 自然の中で伸びやかに遊ばせよう
　(c) 心の成長をゆがめる知育に偏った早期教育を考え直そう
　(d) 子どもの生活に時間とゆとりを与えよう
ⅶ）異年齢集団で切磋琢磨する機会に積極的に参加させよう
　　　身近な地域のボランティア・スポーツ・文化活動，青少年団体の活動，地域の行事に積極的に参加させよう

　以上のように，この提言は非常に具体的なものとなっている。さらに，この提言を見ると，国家あるいは政府として，これまで謙抑的だった家庭の教育のあり方に対し，あるべき姿を明確に打ち出したものと言えよう。
　2000（平成12）年12月に出された教育改革国民会議の報告においても，教育を変える17の提案が，「教育の原点は家庭であることを自覚する」から始まっており，次のような提言を行っている。
　① 親が信念を持って家庭ごとに，例えば「しつけ3原則」と呼べるものを作る。親は，できるだけ子どもと一緒に過ごす時間を増やす。
　② 親は，PTAや学校，地域の教育活動に積極的に参加する。企業も，年次有給休暇とは別に，教育休暇制度を導入する。
　③ 国及び地方公共団体は，家庭教育手帳，家庭教育ノートなどの改善と活用を

図るとともに，全ての親に対する子育ての講座やカウンセリングの機会を積極的に設けるなど，家庭教育支援のための機能を充実する。

こうした認識のもと，文部科学省では2001（平成13）年1月に教育改革の今後の取り組みの全体像を示すものとして「21世紀教育新生プラン」を取りまとめた。その中で，「教育の原点は家庭であることを自覚する」という政策課題に対して，「家庭・地域の教育力の再生」を主要施策として示している。そして，この具体的なものとして，①子育て学習の全国展開に4億円，②子育て支援ネットワークの充実に6億円，③「家庭教育手帳」（243万部），「家庭教育ノート」（120万部）等の作成，配布に3億円というように2002（平成14）年度に予算措置を取るとしている。

さらに，2001年7月11日，教育改革関連6法の一つとして，社会教育法の一部を改正する法律が成立した。その中で，家庭教育に関するこの改正は，家庭教育支援の充実を目的として，家庭教育に関する社会教育行政の体制整備を図るものである。この改正以前も，各地の公民館や教育委員会で家庭教育に関する学級や講座などが実施されてきたが，社会教育法ではこうした講座などの開設は教育委員会の事務として明記されていなかった。そこで，今回の改正で，家庭教育に関する講座を開設する事務が教育委員会の事務として明文化されるようになった。

これを受け，地方自治体レベルでも家庭教育支援の事務を担当する部署の整備が進んでいる。たとえば京都市では，2002年4月から，教育委員会事務局社会教育課内に家庭教育支援室が設置されるようになった[8]。その他，京都市と同様家庭教育支援室というものや家庭教育支援センターといった名称で家庭教育支援を行う制度が整備されてきている。

以上のように，最近の家庭教育支援のあり方について，子育て支援の状況にも触れながら概括してきた。その結果，澤野由紀子が指摘している[9]ように神戸の少年による殺人事件をはじめとする凶悪な青少年犯罪の発生を背景にして，それまでの子育て環境整備に力点を置いた施策から，あるべき家庭像，子育て像に向けて，家庭と地域の教育力を強化するための「教育」に力点を置いた施策に変容していると見ることができる。こうした変容について，『月刊社会教育』では2002年5月号として，「ジェンダーからみる家庭教育」と特集を組んでいる。その中で，上野千鶴

子は「学校も地域も家庭も，ひといろの価値で染まったら，どうなるだろう。子どもたちは息づまる思いをし，ますます居場所をなくすだろう」とした上で，「家庭を地域に開くことは必要だが，それは官主導の価値の一元化とは同じではない」として家庭教育の危機の言説への危機感を指摘している[10]。また，小玉亮子は，1943年に文部省共学局で編纂された『家の本義』と，1998年に文部省中央教育審議会から出された「幼児期からの心の教育の在り方について」答申，『新しい時代を拓く心を育てるために』とを比較して，「いずれの家庭の内部に対する具体的かつ詳細な指示が述べられていること，そしてその内容，さらにこれらが文部省のもとで書かれた文書であること」の点で類似点が多いことを指摘している[11]。

このように，今日の家庭教育支援に関する施策は子どもをめぐる問題の深刻化を背景に，充実強化の方向に向かってきていると言えよう。教育学の分野において，これまで学校教育が柱としてとらえられていた上，家庭教育は生涯教育の中の一分野として光が当たってこなかったことを考えれば，このように家庭教育支援に光が当たりつつあること自体は評価していいだろう。しかし，今日の家庭教育支援の充実強化の方向の問題点は，その目標としてあるべき家族像を定位し，そこへ向けた支援を行うという方向性を持っていることである。

確かに，非行の低年齢化，凶悪化あるいは家庭内暴力などの子どもの問題行動が深刻化する中で，家庭の教育力の低下がその原因として挙げられることが多くなり，家庭教育のあり方に対する問題点の指摘が多くなされている。このため，今日の家庭教育支援は子どもの問題行動を出発点として充実強化の方向に向かっているものの，非行は家族の結末であり，非行に至らないための家庭教育支援としてとらえている傾向が強い。そのため，家庭教育支援は，子育てはどうあるべきかといった原理原則を明らかにするという面から考察され，非行からの立ち直りを支援する家族支援は，心理的，治療的な面から考察されるというように，それぞれが別個の立場にあったのである。

しかし，これからの家庭教育支援は，個々の家族を「あるべき家族像」に集約するための支援ではなく，個々の家族が個々の「よりよき家族像」を見定め，そこへ向けた個別的な教育支援を行うことが必要であると考えれば，家族臨床全体の中で家庭教育支援をとらえ，前章で明らかにしたような家族に対する個別的な支援活動の方法論を導入していく必要があるのではないだろうか。

第2節　家族臨床と家庭教育支援

　本節では，まず家族臨床全体の中での家庭教育支援の位置を明らかにしたい。その手がかりとして，ラバーテ（L' Abate, L.）と高橋重宏の考え方を用いることとしたい。

　ラバーテは家族心理学の立場から，家族臨床を一次予防，二次予防，三次予防とに分けることを提案している[12]。

　ここで言う一次予防とは，より充実した家族生活への指導であり，心理的ストレスが生じた場合にも対応できる能力の開発ということである。予防的対応を示すものである。

　次に，二次予防とは，問題を起こす可能性の高い特定のグループに対する予防的な対応を示す。入院治療後寛解して退院した患者を含む家族の指導などを示している。

　そして，三次予防とは，危機介入を中心とした治療的働きかけ。いわゆる家族療法などがこれに当たるとされる。

　その上で，ラバーテはこれからの心理臨床家が力を注ぐべきなのは，一次予防，二次予防の領域であるとしている。それは，これまで三次予防活動に力を入れてきた家族臨床の実践者が，その実践経験を踏まえて，一次予防，二次予防といった予防的な働きかけの場での実践展開を期待しているものと言えよう。

　次に，高橋重宏[13]は，社会福祉学の観点から，子どもや家庭への支援のあり方に焦点をあて，次の五つに支援内容の分類を行っている。

① 促進サービス
　　子どもと親のウェルビーイングを促進するためのプログラム。教育，レクリエーション，相談，啓発，情報提供などが含まれる。この対象は全ての子どもと親が対象であり，いつでも自由にサービスを享受できることが必要である。
② 予防サービス
　　子どもと親の健康な生活を維持・増進するためのサービス。母子保健サービ

スなどの相談，指導，健診，教育，子どもへの虐待やネグレクトを予防する啓発・教育プログラム，子どもの権利擁護プログラム等が含まれる。

③ 支援サービス

家庭の養育機能を支援するためのプログラム。ソーシャルケアとして保育，学童保育，児童館，ベビーシッターなどがこれに当たる。対象者は，特に深刻な問題を抱えているわけではないが，家庭での養育について何らかの社会的支援を望んでいる子どもと家庭に対して提供される。

④ トリートメントサービス

親子関係に何らかの葛藤，問題が明らかになっている場合の対応プログラム。カウンセリング，家族療法などがこれに含まれる。

⑤ 保護サービス

虐待など人権侵害に対して，強制的に介入したり，福祉施設への入所措置を取るなどの高度のトリートメントサービス。介入サービス，権利擁護（人権救済機能，権利代弁機能，権利調整機能）サービスなどがこれに当たる。親などによる人権侵害を受けている子どもについて公的機関が直接子どもを保護し，子どもに対する援助サービスを行うもので，家庭での養育を前提とした子どもと家庭への在宅サービスや，親子分離を前提にした子どもと家庭への援助がこれに当たる。

また，第3章で取り上げた非行臨床における親への教育的支援活動はラバーテの分類によれば，三次予防に位置づけられる。また，高橋の分類によれば，トリートメントサービスに位置づけられる。

一方，家庭教育支援はラバーテの分類に立つと一次予防の活動であると考えられる。また，高橋の分類に立つと促進サービスに当たるものと考えてよいだろう。

以上のことから考えると，家族心理学の立場では，家庭教育支援活動は，より充実した家族生活へ向かうための支援活動であり，心理的ストレスが生じた場合にも対応できる能力の開発を促進するというものとしてとらえることができる。また，社会福祉学の立場では，家庭教育支援活動は，子どもと親のウェルビーイングを促進するための活動としてとらえることができるのである。「より充実した家族生活」や「子どもと親のウェルビーイング」といった非常に抽象的な表現である点が否め

ないが，それぞれの家族にとって何が充実した生活なのか，ウェルビーイングとは何かということを考えていくことを促進していくことも，家庭教育支援の大きな役割であるのではないかと考える。

さらに，家庭教育支援をこのようにとらえることの意味を明確にするために，家族心理学，家族福祉学の考え方を用いて，①支援対象としての家族をどのようにとらえるのか，②家族臨床における家庭教育支援の位置づけという2点に着目することとした。

1. 支援対象としての家族
(1) 全体としての家族

いずれの領域においても，個人に対する具体的な支援活動を考える場合，目の前にいる直接の支援の対象である福祉サービス利用者の状況だけではなく，その家族の状況（たとえ現時点では既に崩壊していると見られる家族であったとしても）を抜きにして考えることは出来ない。具体的な家族支援活動に沿って考えると，児童福祉の領域であっても，障害者福祉の領域であっても，高齢者福祉の領域であっても，在宅処遇ケースでは当然のことであり，施設処遇ケースであっても，そのケースについて報告を求められれば，家族について言及しないことはありえない。

このように個人に対する支援活動を考える時にも，家族と切り離したところで個人をとらえることはできない。実際，児童福祉，障害者福祉，高齢者福祉というように，福祉サービス利用者の課題別にいわば縦割りにされた形で支援サービスを考える際にも，家族との関わりは当然のことながら大きなウェイトを占めてきていた。しかし，これら個別的な支援サービスにおいては，伝統的なケースワークモデルとして位置づけられてきた診断主義的アプローチの考え方に基づき，福祉サービス利用者個人のパーソナリティに直接働きかける直接処遇と福祉サービス利用者を取りまく環境に働きかける間接処遇とに分けた支援方法が取られていた。このうち，家族に対するアプローチは，後者の間接処遇に位置づけられるものであり，家族はその福祉サービス利用者の課題解決のために活用できる資源といったとらえ方をする，いわば「背景としての家族」という立場というとらえ方がなされてきていた面が否めない。しかし，1960年代，ケースワークの立場として心理社会療法を確立したF.ホリス（Hollis, F.）が，福祉サービス利用者を「状況の中の人」（person in the situation) あるいは「人と環境の全体関連性」(person-situation configration) という概念を用いて把握し，福祉サービス利用者の抱えている課題は，単に個人が持つ病理的な面のみがもたらしているものではなく，個人と社会システムとの相互作用の中で把握していこうとしたことに見られるように，家族メンバーとしての福祉サービス利用者を個人としてとらえるのではなく，社会システムである家族の関係性の中でとらえていくことが必要であるという立場が出てきた。さらに，A.ハルトマン (Hartman, A.) に代表される家族志向ソーシャルワークが展開され，福祉サービス利用者を取りまく家族や様々な社会資源との関係を，地図のようにシステム的図式的に描き出すエコマップなどを積極的に家族アセスメントに導入する立場も出てきた。こうした動きの中で，家族それ自体をそれぞれのアイデンティティを持つ集団として，すなわち家族を，個人の背景としてではなく，個人を家族という状況の中の存在としてとらえ，家族を固有の支援の対象としてとらえる視点が強調されるようになった。

このように，視点を個人から家族に移行させたことによって，「全体としての家族」(family as a whole) という立場が家族福祉の支援を考える際の重要な概念となってきたのである。

(2) 集団としての家族

ここで，「全体としての家族」という概念をさらに明確なものとしてみよう。そこで，全体という言葉をどうとらえるのかということに触れてみることとしたい。全体とは，「物や事柄の全部。まとまりの総称」という意味だが，例えば，「全体主義」という言葉に代表されるように，全体としてのまとまりが最優先され，個人の自由・権利は一切無視されるものととらえられる危険性もある。こうした全体主義に代表されるような立場は，我が国における「お家第一」と言われるような家族主義につながる考えであるが，これは，家族を「制度としての家族」ととらえ，いわば家族メンバーの存在よりも，入れ物である枠組みとしての家族制度の維持ということに主眼が置かれたとらえ方である。この「制度としての家族」中心主義の立場に立つと，家族メンバーは単にその家族制度の枠組みの中にあるだけの存在となり，「集団の中の個の埋没」といった問題を生じさせることになるだろう。

それでは，ここでいう全体としての家族という概念をどうとらえれば良いのだろ

うか。その手がかりは，支援の対象を「集団としての家族」としてとらえていくという考え方である。これは，全体としての家族の概念を明らかにしたゴンバーグ（Gomberg, M. R.）や，家族を相互作用の場として理解する立場を取ったアッカーマン（Ackerman, N. W.）をはじめとする家族療法の立場の考え方に依拠するものである。すなわち，集団としての家族とは，構成する家族メンバーのパーソナリティの合計であるだけでなく，それらお互い同士の影響の相互作用を持ったものであり，さらに，家族それ自体が独自性を持つものとして家族メンバーそれぞれに対して影響関係にあるものとしてとらえる立場である。これは家族を構成する家族メンバーの行動はそれ自体独立したものとして理解するのではなく，他の家族メンバーとの相互関係性，そして家族全体との関係性の中で，家族をとらえようとすることを示唆している。

(3) 支援理論としての家族システム理論

支援対象としての家族とは「全体としての家族」であり，家族メンバー間の相互関係性，家族全体との関係性の中で集団としてとらえられる。その集団としての家族を理解し，支援していく際の理論として家族システム理論を取り上げよう。

家族システム理論が登場する前の支援のモデルは，心理臨床モデルとしては伝統的な精神分析療法モデル，ケースワークモデルとしては診断主義アプローチと言われるが，様々な問題は，個人の内面は心理的な問題にあり，その原因を追究していき，その原因を改善していくとうように，支援の対象は患者個人だけであり，家族といえども個人を取りまく環境あるいは資源としての存在にとどまるものだったと言われている。

1950年代の登場した家族システム論の考え方では，こうした伝統的な精神分析療法モデルや診断主義アプローチとは異なり，家族を一つのまとまりを持った集団システムとしてとらえ，家族メンバー間の相互作用，感情面の関係，行動パターンに注目し，その関係性を変化させることを通して問題を解決しようとするものである。この考え方に立つ家族療法は，1970年代から急速な発展を遂げているが，問題行動について，その原因を追究していくというように因果関係を直線的にとらえる（直線的因果律：図4-3）のではなく，問題行動として表れた結果とその原因は相互に影響し合う，つまり原因が結果であり，結果が原因であるといった円環的な

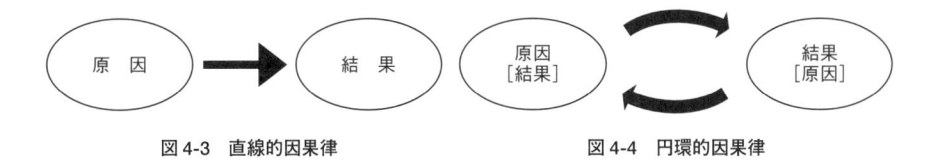

図 4-3　直線的因果律　　　　　　図 4-4　円環的因果律

関係の過程の一部として考える（円環的因果律：図4-4）というものである。

　例えば，子どもの非行という問に対して，直線的な因果関係論の立場に立つと，母親の養育態度の甘さがその原因であり，さらに母親がそうした養育態度を取るのは，母親自身が厳しく養育された反動であると判断し，支援者としては，子ども自身に非行への内省を促し，母親に対しては養育態度の改善を促す働きかけをするというような動きを取るだろう。しかし，家族システム論の視点に立つ支援者は，子どもの非行を家族メンバーの関係性の一部であるととらえる。すなわち，母親の養育態度の甘さは，母親と父親との関係の悪さによって，母親が子どもを自分の味方として取り込もうとしてのことであり，子どもが問題を起こせば，より一層父親は母親を批判するため，母親は子どもを味方として取り込もうとして養育態度が改善しないということがパターン化されているというように循環的に把握し，子どもの非行はこうした家族システムの問題性のSOS信号であるととらえるのである。このように「全体としての家族」（family as a whole）を「集団としての家族」として，家族システム理論を用いて具体的に理解するために，岡堂哲雄[14]は家族への心理的支援のための方法論として，①家族システムの構造（家族が心理的にまとまりを持つのか，バラバラであるのかといった，まとまりの程度を示す家族凝集性の視点），②家族システムの機能（家族が日常生活の上で取り組む課題を解決したり，安定を維持していく働きの程度を示す家族適応性の視点），③家族システムの疎通（家族凝集性や家族適応性を支えるものでもあるが，家族メンバー間でどのような意思疎通が行われているのかを示す家族内コミュニケーションの視点），④家族システムの変化の過程（家族が，そのライフコースの中で，どの発達段階（例えば新婚期，出産・育児期，教育期，子どもの独立期，子どもの独立後の夫婦期，老後期，寡婦（夫）期）にいるのか，その発達段階に特有の課題にどのように取り組んでいるのかといったことを示す家族発達段階の視点）という四つの面から家族を理解し，それに基づいて選択実行し，その効果を評価するとしている。

このように，家族を集団としての一つのシステムとしてみることによって，家庭教育支援活動においても，家族メンバーそれぞれが，他の家族メンバーとどのように関わっているのかという関係性に気づくこと，すなわち家族システムへの理解が大きなテーマとなってくるのである。

第3節 支援対象としての家庭教育

　前節までで見てきたように，家庭教育支援においても家族を集団として一つのシステムとして見た上で，家族メンバー相互の関係性に焦点を当てたものであることが必要であることを明らかにした。こうした視点に立つと，支援対象としての家庭教育を定義する場合も，「関係性」というキーワードを用いることができるのではないだろうか。そこで，本節では，家庭教育の概念を考察することとした。
　これまで家庭教育という概念については，大塚義孝が「家族教育と家庭教育 − その概念の定位 − 」として，「『家庭教育』の概念も，学問的精錬を経て，その慣用をみているとはいいがたい[15]」と指摘しているように，家庭教育という概念は非常に曖昧なものに止まっていると言わざるをえない。そこで，本節では，家庭教育について，既存の用語概念を批判的に概括した上で，関係性に注目した家庭教育概念を明確にしていくこととしたい。

1. 既存の概念

　まず，家庭教育とは何かということについて，これまでの家庭教育の用語概念をふりかえってみたい。その手がかりとして，日高幸男が明らかにしている家庭教育という用語概念について三つの考え方を用いることとする[16]。
　第一の概念は，家庭教育を「家庭を明るくする教育」，「よい家庭を作る教育」というように，特定の価値観に立ち，あるべき家庭を目指すための営みととらえる立場である。しかし，日高は，こうした定義づけについて，家庭教育を研究対象としてとらえ，用語概念を規定しようとする時に，「明るい」とか「よい」といった特定の価値観が挿入されているのは望ましくないとして，家庭教育の用語概念形成からは排除している。
　第二の概念は，家庭教育を「家庭という場で行われる教育」として家庭という

「場における教育」としての役割に意味づけを置いている立場である。このとらえ方は教育基本法第7条が社会教育についての規定として「家庭教育及び勤労の場所その他社会において行われる教育は，国及び地方公共団体によって奨励されなければならない」と定められていることを根拠として，社会教育の一分野として勤労の場所などと区別して，家庭という場において行われる教育として家庭教育をとらえるのである。現在文部科学省に設置されている家庭教育支援室も，英語での表記が「Office for the Support of Education in the Home」であり，家庭の場における教育という観点で家庭教育を広くとらえていることが分かる。しかし，この立場について，日高は，家庭における，人間関係に関わる教育，さらには家事のあり方など，家庭という場で行われる幅広い教育の内容，方法全てまでその概念は拡大してくるが，家庭教育は社会教育の一分野ではないとして，家庭教育の用語概念形成から排除している。

そして，第三の概念として，「両親もしくはその代行者が子どもに対して行う意図的な教育的な働きかけ」と定義を提示している。

この概念の前段である「両親もしくはその代行者が子どもに対して行う」という点について，日高は，民法第820条に「親権を行う者は，子の監護及び教育をする権利を有し，義務を負う」と定められていることや，イギリスやアメリカで家庭教育を "Education for the child in the family" などと言っており，子どものための子どもに対する教育として概念化されていることを根拠にして，親が子に対して，この権利を遂行するために行われるものであるとしている。

さらに，日高は，後段の「意図的な教育的な働きかけ」については，「古代ギリシャ時代や原始キリスト教時代における哲学教育や宗教教育にしても，我が国の奈良・平安時代における公家が，自分の家庭に学者を招いて，子どもに漢学，和学を与えさせたものでも，常に教育者たる親の意志においてこれが行われた」ことをその根拠としている。

こうした根拠をもとにして，日高は，この第三の概念が，我が国及び諸外国における歴史的及び現代的用法から見ても，家庭教育という用語概念として最も適切であるとしている。

この第三の概念は，例えば玉井美知子が1993年に編んだ「新しい家庭教育」でも，その前書きにおいて，「家庭教育という用語の概念について『両親もしくはそ

の代行者が子どもに対して行う意図的な教育的働きかけ』として幅広く現実に即してとらえることにした」と述べている[17]ように，第一の概念に見られるようにあるべき姿を目指すというものでもなく，第二の概念に見られるような家庭の場ということにのみ注目した概念でもなく，親（以下，その代行者も含む）が子どもに対して行う幅広い教育的な営みというとらえ方をしている点で，この第三の概念が家庭教育の用語概念として適当であるということを明確なものとしている。

2. 新たな家庭教育の用語概念の構築

さて，こうした家庭教育の用語概念を，筆者なりの問題意識からとらえ直し，新たな家庭教育の概念を構築してみよう。

(1)「子どもに対して」をとらえ直す

まず，前段の「親が子どもに対して行う」という点を検討する。

この点について，新堀通也は，親が子どもに対して行う教育は，家庭教育の最も中核的かつ顕在的な部分であるが，それだけを家庭教育と考えると大きな過ちを犯すことになるとして，家庭教育を①親-子という関係において成立する教育，②親-子を取りまく家庭という環境による教育，③最も外辺に家庭を取りまく教育という三層構造を有した中でとらえるべきだとしており，社会システムの中で親子，家庭をとらえていく視点が家庭教育にも必要だとして，親-子の関係だけに限定されないとしている[18]。

家庭教育の第一の目標は次世代を担う子どもの社会化にあり，それに対する親の責任，役割は重要な位置を占めていることから，家庭教育が子どもに対して行う教育であるということはいかなる時代，状況においても変わることはないだろう。

しかし，「親が子に対して行う」という単一方向的な関係において家庭教育の対象となるのは，親の養育態度であり，親が子どもに対して有効な働きかけを行うためにあるべき親の立場，視点，行動のあり方を明らかにするというものである。そこでは，親が，子育ての過程で直面する種々の疑問に対応するため，あるいは子どもの問題行動を予防するために，親に対して，親としてのなすべきこと，子育てに必要な予備知識として，子どものそれぞれの段階における発達課題や，子どもの問題行動の状況やその対処方法などについての概念的な知識を明らかにしていくとい

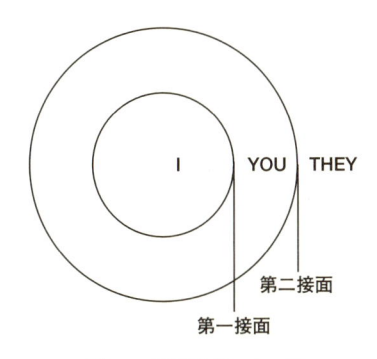

第 3 節　支援対象としての家庭教育

```
        YOU   THEY
     I
         │
         │第二接面
       第一接面
```

図 4-5　学びのドーナッツ
（佐伯胖『「学ぶ」ということの意味』岩波書店　1995 年 p.66）

うものであり，親が教育の主体となったものである。

　この立場に立つと，親と子どもの関係は「教える－教えられる」という位置づけの中でとらえられ，家庭教育学の役割も，親に対して持つべき正しい概念的知識がいかにあるべきかといった教育内容に重点を置いたとらえ方をするものとなってきているのではないだろうか。

　こうした点に関連して，佐伯胖の「学びのドーナッツ論」を考えてみよう（図 4-5）[19]。

　これは，学校での具体的教育実践を考察する際に，自我と関わる他者の相互関係を，自我を I，自我が第二の自我を育てる二人称的他者と交流する世界を YOU，匿名性を持つ現実の社会的・文化的実践の場，つまり外界を THEY とした三層構造の中でとらえたものである。すなわち，学び手（I）が外界（THEY の世界）の認識を広げ，深めていく時に，必然的に二人称的な世界（YOU の世界）との関わりを経由するとして，YOU の世界に注目し，学び手（I）と教師（YOU）との境界を構成している第一接面と，YOU と THEY との境界を構成している第二接面について考察している。その上で，佐伯は，学校での〈学び＝教え〉を健全に育てるために，学び手と教師との間の関係性について必要なこととして①教師が子どもに対して適切な第一接面を持っているか，すなわち，互いに共感的な関係であるかということ，②教師が子どもに対して適切な第二接面を持っているか，すなわち，教師自身が常に学び続けており，外界との深い関わりを持ち，それらの価値，意義，大切さを子どもたちに垣間見せる力量を持っているかということだとしている。これ

を家庭教育に当てはめると，子ども（I）にとってのYOUは，まさに親である。その親が，①子どもに対して適切な第一接面を持っているか，すなわち互いに共感的な関係にあるか，②適切な第二接面を持っているか，すなわち，親自身が，外界との深い関わりを保っており，それらの価値，意義，大切さを子どもたちに示すことが出来るのかという二つの面が家庭教育の実践にも問われているものと言ってよいだろう。

こうした接面が構成されていくプロセスは，親と子ども，あるいは親と外界とのコミュニケーションのプロセスであるととらえることができ，親が子どもを教育するためには，いかに親が子どもに関して持つべき正しい知識を持っていたとしても，そこに望ましい親と子との人間関係，コミュニケーションが成り立っていなければ，子どものための子どもに対する教育が成り立たないことを示している。

この意味において，親-子間の相互関係性に着目した視点が家庭教育にも不可欠であるといえるだろう。

こうした佐伯の「学びのドーナッツ論」の考え方を取り入れると，家庭教育の視点は，「親が子どもに対して」という単一方向的，かつ一元的なとらえ方をするだけに止まらず，家族成員の相互関係，あるいは家族と外界との相互関係といった双方向かつ多元的な関係性を持つことが必要である。

すなわち，家庭教育においては，主体が親，客体が子どもというとらえ方をするのではなく，親-子間を中心とした「関係」を主体としてとらえるのである。このとらえ方によると，「両親もしくはその代行者が子どもに対して行う」というのではなく，「両親もしくはその代行者と子どもとの関わりをはじめとする家族成員間の関わりの中で」というように定義づけることが出来るだろう。

(2) 「意図的な」をとらえなおす

次に「意図的」という部分について考えてみたい。

もとより，教育とは，宮原誠一が，人間形成の過程を望ましい方向に向かって目的意識的に統御しようとする営みである[20]としているように，教育とは人間形成のための種々の営みの中で目的的なものであるとする立場から見れば，家庭教育も，意図的な営みとするのが当然と考えられるだろう。

しかし，日高は，家庭教育が意図的な教育的働きかけであるとしながらも，現実

に行われる家庭教育は，親の意図とは別に，意図の有無にかかわらず，子どもたちが日常生活の中で，例えば父親のその職業である仕事や勤労に対する考え方や態度，母親の夫である父親への接し方，日常の対応の姿勢などを見ながら，その職業観，夫婦観などについて大きな感化や影響を受けていく，いわば無意図性の中で行われる教育効果はきわめて大きいとして，親が意図しない動きの中にも教育効果があることを認めている[21]。さらに，山手茂は，今日の親の一般的な傾向を主として言葉によって教育的効果を与えようと意図し，家庭生活そのものの教育的影響を軽視する傾向が見られると指摘した上で，家庭生活そのものが子どもに与える影響を認識し，家庭生活を教育的観点から設計することが重要な課題であると述べている[22]。こうした指摘を見ると，家庭教育を意図的な教育的働きかけと限定的にとらえるのは，常に教育者たる親の意志において行われるものであるという意味あいに力点を置いた結果であるが，無意図的な働きかけを決して排除しているものではないことが分かる。もちろん，意図的な働きかけと無意図的な働きかけを比較すると，例えば親の働きかけに反応した子どもの態度も，親がその働きかけの意図を持っていない場合，子どもが示した態度の要因も理解出来ないことになる。逆に，親がその意図を持って働きかけた場合は，それに反応した子どもの態度の要因を理解しやすくなる。こうした意味において，単に意図的な働きかけに止まらず，無意図的な働きかけを意図的なものにしていく，すなわち，家庭の中で起こっている様々な関係性を持った現象に対して，その教育的な意味あいに気づくことが大切なのである。

　この意図，無意図といった議論は，自己覚知，すなわち自分への気づきがどのような程度にあるかが問われているといってよいが，ここで「ジョハリの窓（The Johari Window）」と呼ばれる，コミュニケーションの理論をもとにした対人関係における基本的モデルを提示したい。これは，米国の心理学者であるジョーセフ・ラフト（Joseph Luft）とハリー・インガム（Harry Ingham）が考案したもので，考案者の名前を合成して，「ジョハリの窓」と命名されたものである[23]。

　この図式を用いて，柳原光は対人関係における気づきのダイナミクスを以下のように明らかにしている[24]。

　この図式は「私に，分かっている（知られている），あるいは分かっていない（知られていない）」という軸と，「他人に，わかっている，あるいは分かっていない」という軸で作られたマトリックスで，以下のような図になる（図4-6）。

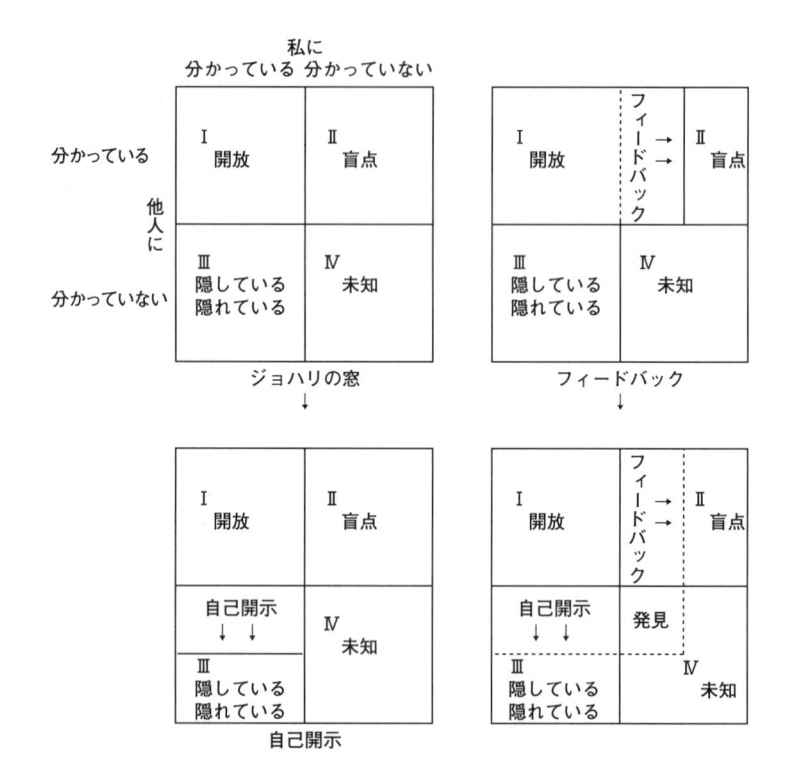

図4-6 ジョハリの窓による自己開示とフィードバックの概念図
柳原光「ジョハリの窓」(津村俊充・山口真人編『人間関係トレーニング』
ナカニシヤ出版 1992年 pp.66～69) から作成

Ⅰ 開放の領域

私にも他人にも分かっている，いわば「公の私」という領域である。お互いに分かり合えている領域で，防衛する必要もない，自由に活動できる領域である。

Ⅱ 盲点の領域

私には分かっていないが，他人には分かっている領域である。例えば，自分では全く気づいていない癖や行動などがこの領域に入るものである。

Ⅲ 隠している，隠れている領域

私には分かっているが，他人には隠している，あるいは，隠れているために分からない領域であり，Ⅰの「公の私」に対して，「プライベートな私」の領域である。

Ⅳ 未知の領域

私にも他人にも分かっていない,まさに未知の領域である。

この図式は固定したものではなく,対人関係が深まれば,Ⅰの開放領域が広がるなど,対人関係のあり方しだいで,領域の大きさが変化していく可能性を秘めたものである。

例えば,Ⅰの開放領域がⅢの隠している(隠れている)領域に広がる働きとして,「自己開示」がある。自分の考え,意見,感情,動機,欲求など自分についての知識を相手に率直に伝えることにより,Ⅰの開放領域がⅢの領域に拡大し,開放の領域が広がる。

また,Ⅰの開放領域がⅡの盲点の領域に広がる働きとして「フィードバック」がある。相手に対する情報を,相手に提供することにより,Ⅰの開放領域がⅡの領域に拡大し,開放の領域が広がる。

さらに,「自己開示」と「フィードバック」の働きによって,図式的にはⅣの未知の領域にも変化が起こり,潜在的な領域が生じる。これが発見なのである。

この考え方をもとに家庭教育における「意図性」を検討すると,開放の領域にある意図的な働きかけは,固定的なものではなく,自己開示と他者からのフィードバックを受けることによって,変化していくのである。例えば,親が,子どもに関わる時の自分の気持ちを開示したり,これまで意図しなかった働きかけの意味を言葉にしていくなどして自己開示のプロセスを通して,無意図的な働きかけを意図的な働きかけにしていくようになったり,親が意図しない働きかけを受けた子どもが,その働きかけに対してどういう気持ちであるかをフィードバックするという,家族成員間の関わりの中で自己開示とフィードバックというコミュニケーションの深まりによって,意図的な働きかけが深まっていくのだと言えよう。

(3)「教育的な働きかけ」をとらえ直す

次に,「教育的な働きかけ」とはどのようなものかということを明らかにしていくが,ここでは,コーニン(Conyne, R.K.)らが提示した,多様なグループアプローチを概念化するためのグループワークグリッド(図4-7)を用いていくこととする[25]。

第4章 家庭教育支援

			介入目的の強調点			
			改　善		向　上	
			人　間	課　題	人　間	課　題
個　人	タイプ 例		パーソナリティ変革 心理療法	リハビリテーション 治療的社会技能	人間的成長 人間の発達	技能発達 人間関係技能トレーニング
対人関係	タイプ 例		対人関係問題解決 カウンセリング	再社会化 社会的抑制	対人関係的成長 Tグループ	学　習 体系的グループ討論
組　織	タイプ 例		従業員変革 授業員援助	組織の変革 社会風土	経営発達 チームの発達	組織の発展 クオリティーサークル(QC)
コミュニティ住　民	タイプ 例		二次的／三次的予防 相互援助	コミュニティ変革 行　動	健康増進／一次的予防 人生の過渡期	コミュニティ発　展 将来化

(介入レベルの強調点)

図4-7　コーニンによるグループワークグリッド
コーニン編『ハンドブック　グループワーク』(馬場禮子監訳，岩崎学術出版1989年)

　これは，多様なグループに対する関わり，働きかけを①グループワーク介入の目的，つまり改善のためか，向上のためかということ，②グループワーク介入のレベル，つまり個人か対人関係か，組織か，あるいは地域コミュニティかのどのレベルを目指して介入するのかという二つの次元によって分類したものである。さらに前者の次元については，改善の目的も向上の目的も，グループによる達成の目標を人間に置くのか課題に置くのかという強調点で下位分類されるとしたものである。
　さて，この中で，家庭教育としての教育的な働きかけはどの部分に位置するだろうか。
　前節で家庭教育が家族成員間の関係に関わるものであることを明らかにしたが，その意味では，家庭教育として強調すべき介入レベルは，対人関係にあるといってよいだろう。次に，介入の目的について考えると，家族療法や家族カウンセリングといった領域での働きかけは生起している特定の問題を改善するということになるが，家庭教育は生起している特定の問題を改善するのではなく，あくまで向上を目指すということになるだろう。さらに，達成の目標を考えると，特定の課題につい

て向上するというのではなく,人間的な向上を目指すということになるだろう。

もちろん,コーニン自身が,それぞれのタイプ間には明らかな区分があると同時に浸透性と流動性もあることを示すために点線で区切られているのがこのグリッドの特徴だと指摘しているように,例えば,家族療法などのように特定の問題を改善することと家庭教育に関わるねらいとが密接に関連している面もあるし,家庭内で特定の課題について向上させることもねらいとすることもあるだろう。しかし,家庭教育の教育としての役割を考えると,あくまで人間的な意味での向上を目指すということに力点を置いて自己と他者との関わり合いという「対人関係的成長」をねらいとした営みであるということになる。

このようなとらえ方をすると,この「意図的な教育的働きかけ」という定義は,「家庭内で起こっている現象の教育的な意味に気づき,対人関係的な成長を促すための教育的な働きかけを行うこと」というように拡張して定義づけることができるだろう。

以上のように,「両親もしくはその代行者が子どもに対して行う意図的な教育的な働きかけ」という家庭教育の用語概念を展開させることで,家庭教育の用語概念を「両親もしくはその代行者と子どもとの関わりをはじめとする家族成員間の関わりの中で,そこに生起している現象の教育的な意味に気づき,対人関係的な成長を促すための教育的な働きかけ」と定義して,その双方向性,対人関係的な成長に力点を置いた教育観を明らかにした。

3. 人間関係的な視点での家庭教育支援

では,家庭教育支援とは何か。ここでこの課題に取り組みたい。そこで,家庭教育支援とは何かということについての三つの見解を取り上げることとした。

まず,1998年に設置された文部科学省家庭教育支援室について,「家庭教育に関する様々な学習機会を提供するとともに,相談体制の充実,普及啓発の推進を図るなど家庭教育を支援している」[26]とその役割を明らかにしている。この中で様々な学習機会の提供と言われているが,「子どもを持つ親と地域の子育て経験者とが交流する機会を設けたり,地域の人々の連携や地域の子育て支援グループを育成することなど,子育てネットワークづくりが求められています[27]」とあるように子育ての知識,技術を経験者から伝えていくことと相談体制の充実によって心理的なサポ

ートを得ることに力点が置かれている。

　また，池本美香は，「少子化対策・教育改革における「親」の位置　―親の教育・ケア権の保障に向けて―」と題した論文において，家庭教育支援を「親が子どもの教育やケアに当たる上で必要な情報や精神面でのサポートを得る学習機会の保障」をすることであると定義づけている[28]。この考え方は，前述の文部省の考え方と同様のとらえかたをしているものと言っていいだろう。

　この二者の家庭教育支援のとらえ方に共通するのは，子育てについての不安を解消するために，知識，技術を親に伝えていくことや心理的なサポートを充実させることが家庭教育を支援することであるとしている。

　次に，多摩市教育委員会社会教育課員である鈴木久美子は，「コンピュータネットワークを通じた子育て支援の事業展開　～電子メールで子育てネットワーク」と題した論文において，家庭教育支援を「簡単に言うと子育て支援ということになります。ただし，福祉とは違って，"親としてどのように子どもを育てていくのか"を親自身が考える環境を整えることを支援する」ことだと述べている[29]。

　この鈴木の定義は，先の二者とは異なり，「親としての子育ての在り方を親自身が考える環境を整える」という点である。これは一方的に知識，技術を受け取るだけの親ではなく，自ら考える主体として親の存在を認めている点が特徴である。

　筆者としては，この鈴木の立場に立ちつつ，親が，子育てのあり方をどのような視点を持って考えるのかということについて，前項で明らかにした家庭教育の定義を用いることとしたい。

　すなわち，家庭教育支援を考える前提として，支援する家庭教育とは「両親もしくはその代行者と子どもとの関わりをはじめとする家族成員間の関わりの中で，そこに生起している現象の教育的な意味に気づき，対人関係的な成長を促すための教育的な働きかけ」であることを明らかにしてきた。そして，この前提に立った家庭教育支援とは，自己と他者との関わりに焦点を当てて，親自身が自らの子育てのあり方を考えることを支援する活動である。つまり，家庭教育支援とは，親に対して自らの対人感受性を高め，対話的な関係を形成していく力を促進していく活動であると考えるのである。

●注釈
 1) 藤原英夫・塩ハマ子編 『家庭教育学級の開設と運営』 全日本社会教育連合会 1965年 p.27
 2) 下中弥三郎編 『教育学事典』 第5巻 平凡社 p.56
 3) 警察庁の統計が交通関係業過を除く刑法犯を基礎として整備されたのが昭和41年以降である。そこで、それ以前からの推移を見るために交通関係業過事件で検挙された人員を含んだ全刑法犯検挙人員を見ることとした。そのため、最近の報道等で示されるような交通関係業過を除く少年刑法犯検挙人員を根拠とした少年比とは異なる値（例えば2000年で交通関係事件を含むと16.4％であるが、除くと2001年に46.3％）を示している。
 4) 文部省 『我が国の文教政策 ―心と体の健康とスポーツ―』 平成10年版 教育白書 1998年
 5) 文部省中央教育審議会第一次答申 「21世紀を展望した我が国の教育の在り方について」 1996年
 6) 総理府社会保障制度審議会事務局 『社会保障制度のあらまし』
 7) 文部省中央教育審議会「新しい時代を拓く心を育てるために―次世代を育てる心を失う危機―」中央教育審議会「幼児期からの心の教育の在り方について」答申 1998年）
 8) 京都市教育委員会教育長訓令甲第1号（京都市教育委員会事務局事務分掌細則の一部改正についての訓令）
 9) 澤野由紀子「これからの家庭教育を考える」 全国公民館連合会『月刊公民館』 平成12年12月号 2001年 p.6
10) 上野千鶴子「学校の代理人・国家の代理人？」『月刊社会教育』2002年5月号 国土社 p.1
11) 小玉亮子「教育政策における〈家族〉の何が問題か」 広田照幸編『〈理想の家族〉はどこにあるのか？』教育開発研究所 2002年 pp.108〜109
12) L'Abate, L., *Building family competence : primary and secondary prevention strategies*, Sage Publications, 1990.
    なお、こうした段階に分けて予防的な措置をとらえる考え方は、ラバーテだけに限らない。例えば、カプラン（Caplan, G.）は地域精神医学の分野で、次のような三つの概念に分けることを提唱している。
    第1次予防
        地域社会にある有害な環境を調整して新しい精神障害の発生を予防すること。これにより、全ての精神障害の発生は予防できないにしても、全体として精神障害の発病率を下げることが出来る（発生の予防）。
    第2次予防
        学校や企業などの集団において、スクリーニングテストを行い精神障害者を早期に発見し、早期治療を行うことにより、罹病期間の短縮を減少をはかり、その結果、地域社会の罹病率を減少させ、出来るだけ地域社会に対する損害を少なくする（早期発見、早期治療）。
    第3次予防
        罹病期間をなるべく短縮し、疾患による個人の機能損失を最小限にくい止め、早期に社会復帰を目指すことにより地域社会に対する負担を軽減させる（リハビリテーション及び再発の予防）。
    こうした予防の考え方はそれぞれの段階での措置は互いに関係し合うものだという認識を提供してくれる。ただし、このカプランの段階説は治療という点に力点が置かれており、教育的な働きかけはいずれの段階にも入ることができないと考えた。
13) 2000年日本家族心理学会全体ワークショップ 配付資料
14) 岡堂哲雄 「家族心理学の課題と方法」 岡堂哲雄編『家族心理学入門』 培風館 1999年
15) 大塚義孝「家族教育の基礎概念」 岡堂哲雄ほか編『家族心理学の理論と実際 講座家族心理学第6巻』 金子書房 1988年 pp.127〜128

16) 日高幸男 「はじめに―家庭教育の概念と歴史―」 日高幸男編『現代家庭教育概論（第二版）』 同文書院 1985年 pp.1〜3
17) 玉井美知子編 『新しい家庭教育』 ミネルヴァ書房 1993年
18) 新堀通也 「家庭教育の構造と危機」 前掲書『現代家庭教育概論（第二版）』 pp.9〜11
19) 佐伯 胖 『「学ぶ」ということの意味』 岩波書店 1995年 p.66
20) 宮原誠一 『教育学ノート』 河出書房 1956年 p.6
21) 日高幸男 「はじめに―家庭教育の概念と歴史―」 前掲書『現代家庭教育概論（第二版）』 p.3
22) 山手 茂 「家庭生活と家庭教育」 前掲書『現代家庭教育概論（第二版）』 p.87
23) Luft, J., *Of Human Interaction*. Palo Alto, CA:National Press, 1969.
24) 柳原 光 「ジョハリの窓」 津村俊充・山口真人編『人間関係トレーニング』 ナカニシヤ出版 1992年 p.66〜69)
25) Conye, R.K., *The Group Worker's Handbook -Varieties of Group Experience*, Charles C Thomas Publisher, 1985.（馬場禮子監訳『ハンドブック　グループワーク』岩崎学術出版社　1989年）
26) 文部省 『平成10年度　我が国の文教施策　心と体の健康とスポーツ』 大蔵省印刷局 1998年
27) 文部省編 『平成12年度　我が国の文教施策　文化立国に向けて』 大蔵省印刷局 2000年
28) 池本美香 「少子化対策・教育改革における「親」の位置 ―親の教育・ケア権の保障に向けて―」 日本総合研究所 『Japan Research Review』 2001年6月号
29) 鈴木久美子 「コンピュータネットワークを通じた子育て支援の事業展開 〜電子メールで子育てネットワーク」 多摩ニュータウン学会1998年度第1回研究会研究報告 URL:http://www.tama-nt.org/activities/study/st1998/st98-1/study98-1_suzuki.html

第5章

家庭教育支援の方法論としてのラボラトリー・メソッド

　前章で家庭教育の新たな概念を提示したが，この新たな考え方のキーワードは，関わり，現象，気づきというものである。こうした関わり，現象，気づきといったことは，対人関係能力，感受性という言葉に置き換えることが出来るだろう。こうした対人関係能力や感受性を高めることを目的とした方法として，感受性訓練，Tグループと呼ばれる集中的なグループ体験をはじめとして，様々な課題が設定された実習を用いるラボラトリー・メソッドによる人間関係トレーニングという分野がある。

　柳原によると，ラボラトリー・メソッドによる人間関係トレーニングとは，「人間関係の中に，それを生きることによって，（一）人間関係に作用する諸要因・諸力をよりよく洞察し得る社会的感受性（socail sensitivity）を養い，（二）より効果的に自由に行動するとともに，より自由に責任をとれる主体的な生き方，言いかえれば行動の柔軟性（behavioral flexibility, action flexibility）または技能（skill）を体得するためのトレーニング」である[1])と定義される。このように，人間関係に関する学習を定義づけ，そのための学習方法としては「人間関係を改善し得るためには，自分自身が，まずなまの人間関係の中に泳いでみて，より効果的行動をするように体験的に学習する必要がある」[2])として体験的な学習が最もふさわしいとしている。この背景には，人間関係についての行動変容は，単に知識を増やすというだけで，常に達成されるものでないということが前提にある。

　星野欣生と津村俊充は，ラボラトリー・メソッドによる人間関係トレーニングが効果的な領域として，コミュニケーション，チームワーク（グループプロセス），リーダーシップ，組織活動と意思決定，個人の気づき，価値の明確化という六つの

領域を挙げている[3]が、いずれも自分自身や他者のこと、自分と他者との関わり方、集団の持つ性質などについての気づき（awareness）をベースにおいて、対人関係を促進していくことをねらいとしたものである。家族とは、様々な人間関係の場面の中で、最も基本的な場面であり、この家族との関わりに焦点を当てて、対人関係を促進していくという意味でも、家庭教育支援においてラボラトリー・メソッドにより人間関係トレーニングを活用することができるのではないかと考えたのである。

そこで、まずはラボラトリー・メソッドによる人間関係トレーニングを概括することとしたい。

第1節　ラボラトリー・メソッドによる人間関係トレーニング

ラボラトリー・メソッドをベースにした人間関係トレーニングの分野は、企業の人材育成、医療・福祉分野での人材養成訓練、さらには生涯学習にまで及んでいる。物質主義志向の強い現代社会において、人間関係が希薄になり、その存在価値はこれまでにも増して大きくなっていくものと考える。

水島恵一は、人間の本質としての全体性、心身的有機性、個性、関係性、生活が総合的に考慮に入れられ、そこにおいて対象者の主体性における価値探求が尊重され、その中から価値が創造されていくような実践を「人間学的実践」と呼んでいる[4]。ここで言う体験学習法もまさに「人間学的実践」である。

こうした体験学習法の手法をベースに置いたTグループと呼ばれる人間関係トレーニングは、カウンセリングマインドを生かした集団作りであり、グループのメンバー相互の出会いと協調が体験され、メンバー一人一人の人間的交流の体験の場である。この人間関係トレーニングの手法を概括し、教育方法としての有効性を明らかにしたい。

教育は、いま、ここでの人間同士の関わり合いの中で成立しており、一人一人の子どもの人格の形成に関わることがその目的であると考える。この考えに立てば、そこに子どもに対して客観的かつ普遍的なアプローチを取るばかりでは、一人一人の子どもの存在は見えてこない。河合[5]は、現象の中に生き、「個」を大切にするアプローチを「臨床教育学」の方法論として強調しているが、こうした立場は、臨

床心理学やカウンセリングの理論と共通している。

　そこで，臨床心理学やカウンセリングマインドを基礎としたグループ体験を中心とした人間関係トレーニングを，家庭教育支援の場で取り入れていくということを考えていくが，ここでは主として集団での関わりの中での指導場面におけるアプローチを考えていくこととする。

　家庭教育支援においても，個別的な相談援助も支援活動として位置づけられている。しかし，ここでは，家庭教育支援活動として，主として親が子どもとの関係のあり方などについて学習する機会や子育てサークルなど親同士が関わり合う場面に注目した。こうした集団での学習の機会は，本来は個別に学習すべきものを効率的にするために「やむなく」グループ学習を取り入れるという考え方によるものではない。こうした発想に立って家庭教育支援の場をとらえていくと，そこでは親同士が人間同士の関わり合いを学ぶ場としてとらえることができるのである。しかし，単に集団で学習すれば親同士が関わり合い，そのことが家庭での対人関係に影響を及ぼすといったものではない。こうした問題意識に立って，集中的グループ体験の中から生まれてきた体験学習法というものを取り上げることとした。これは，人間関係トレーニングの中から出てきた概念であり，学習の循環過程を構造化したものである。この体験学習法という循環過程の概念を中心として，人間関係トレーニングの手法，概念を考察することを通して，教育のあり方についての新たな視点を提示することとしたい。

1. 人間関係トレーニングとは
(1) 人間関係をとりまく四つの要素

　人間関係とは，広辞苑（第5版）によれば，「社会や集団における人と人とのつきあい。感情的な対応を含む個人と個人との関係」となっているように，人間同士のつながりを意味する言葉である。教育の場，授業の場においても，こうした人間関係は生じている。柳原は，人間関係を単に他者との関係であるという以上に複雑な次元での関係であるとして，人間関係には私と私（自己概念）との関係，私とモノとの関係，私とヒトとの関係，私と価値との関係という四つの次元（図5-1）があるとしている[6]。これは，人間に関わる様々な事柄を，互いに影響し合う対他者関係によって統合的に理解していこうというのである。ここで，柳原の言う四つの

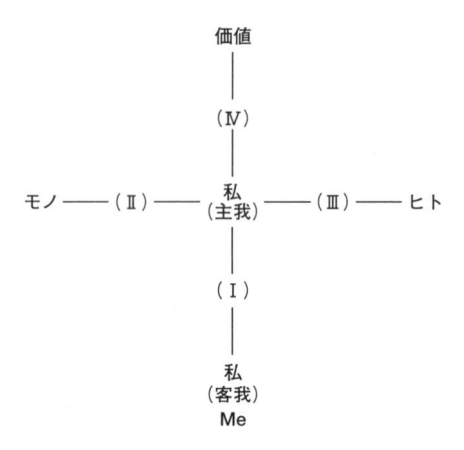

```
                    価値
                     |
                     |
                    (Ⅳ)
                     |
                     |
      モノ ──(Ⅱ)── 私 ──(Ⅲ)── ヒト
                   (主我)
                     |
                     |
                    (Ⅰ)
                     |
                     |
                     私
                   (客我)
                    Me
```

図 5-1 柳原による人間関係の4つの次元

(柳原光「人間関係の四つの次元」：津村俊充，星野欣生『Creative Human Relations』Vol.1 プレスタイム 1996年，p.27)

次元を個々に教育・学習と関連づけながら，概括していくこととしたい。

①私と私（自己概念）との関係（第一の次元）

この次元は，「私」と「私が私だと思っている私」との関係である。柳原は言い換えると，「I」と「Me」，「主我」と「客我」と言われるような関係であるとしている。

これは，自己と自己概念との関係である。この自己と自己概念との関係がどうあるのかは，「私は何者なのか」，「私らしさとは何か」つまり「Who am I ?」という問題につながるのだが，そこでは主観的に適切であるか，他者から見ても適切な私らしさなのかということが問題になってくるというものである。

この自己と自己概念との間の関わり合いが断絶され，大きな乖離が起こっている場合は問題である。たとえば，自己概念だけが肥大化していくと，自己愛性人格障害と言われるように，現実の自己とも，他者とも関係を持てずに，自分の誇大なイメージばかりが先行するといったことも起こりうるのである。逆に，自己概念を自ら矮小化させることにより自尊感情を大きく低下させてしまうこともある。

このような自己概念の肥大や萎縮に対して，自己と自己概念との関わり合いの中で，そこでの葛藤を解決していくプロセスを通して，人間は，自我境界を現実的なものとしていく。このことにより，これまでの自己から新たな自己へという変化

や改革が起こり，自己成長へと至るのである。

②私とモノとの関係（第二の次元）

　この次元は，私と人間ではないモノ（環境）との関係である。モノとは，私たちの環境や周囲のモノ（生物も非生物も）を意味している。柳原は，登山の時に，壮大で雄大な自然の景色に出会い，心深く感動することを例にとり，人が自然に対して，相手があたかも人格であるような関わりを持ちうることがあるとして，モノとの関係においても人間的な関係を持ちうることがあるとしている。

　環境破壊が深刻化している背景には，こうした私と自然環境というモノとの関係性の乏しさが背景にあるのである。また，これまで「物の豊かさ」というと，いかに多くのモノがあるかという価値観が支配しており，そのモノと人間がどう関わっていけばよいのかという視点は欠落していた。しかし，ハードからソフトへというパラダイム転換を通じて，改めて人間とモノとが関係していくことが重視されねばならない。

③私とヒトとの関係（第三の次元）

　これはいわゆる人間関係と言われる次元である。人間関係トレーニングの場ではこの次元が主要なトレーニング領域となっている。

　人間としての成長の基本には，母子関係に始まる1対1の二者関係が出発点になっている。このことが，人間の基本的信頼関係の体得に結びついていることも当然である。そこを起点として，人間が，社会化していく過程で，二者関係に止まらず，集団との関係を持っていくのである。集団として関係を持つ場である家族は子どものその後の対人関係の持ち方にとって重要な場であり，家族との対人関係の体験は，その後の社会との関わり方にも大きな影響を及ぼすとすると，家庭での対人交流，グループとしての体験を豊かなものにする必要がある。

④私と価値との関係（第四の次元）

　これは，私と価値とがどのように関わっているのかという次元である。柳原は価値の多様化と多元化という構造を指摘している。すなわち，あれも価値があれば，これも価値があるという多様化と，自分自身の中で一つの価値にまとめるのではなく，様々な価値が併存するという多元化である。

　こうした価値の多様化と多元化の中で自分の持っている価値とは何なのかを明確にしていくという価値との関わり合いを通じて，自己概念の明確化が図られるもの

である。一つ目の私と私との関係との違いは，価値との関係は自分の外の世界との関係性である点である。

　これまでに見てきた三つの次元と関係することを通して，人間は外的刺激に反応し，自己の周囲に自分の世界を組織化しながら，様々な方法で自己とモノの世界を関連づけていく。また，人間は他者との関わりの中で自己を関連づけ，集団の中での人間関係を通して新しい意味を発見するようになっていく。しかし，人間は，全ての存在のうちその究極にあるものを探し求めながら，その究極的なモノと自分自身がどういう関係になるのかを探求することで自己成長を図るのである。

　幼児にとって初めて出会う価値は親の権威である。自分に対する親の統制から，自己の衝動を統制するということを体験するのである。この体験から出発し，社会的な成長とともに様々な権威と関わることにより，権威を自己の中に取り込み，人間は原初的な欲求や衝動を統制していくのである。こうして取り込まれた権威をフロイト（Freud, S.）は超自我と名付けている。この超自我と自己がどう関係していくのかというのがこの次元であると言っても良いだろう。

　このように柳原は人間関係を四つの次元に分類し，その「関係」，「関わり合い」のあり方に重点を置いている。これは，教育・学習を「関係」，「関わり」という意味合いでとらえている立場とも共通している。

　例えば，佐伯は学習を自分探しであると定義し，「知識もあれば感情もある。知性もあれば情操もある。認知もあれば情動もある。（中略）学習というのはそういう『この，わたし』がどうなるのかということ，あるいは『わたしが，このわたしをどうするのか』[7]」というように，主体的な自己が対象と関わっていく中で自己を明確化していくプロセスが学習であると述べている。これは，学習という場面でも，自己と自己概念との関係のあり方に着目する必要があることを示している。

　また，私とモノとの関係（第二の次元）に関連したことでは，佐藤学は，問題解決学習，系統学習のそれぞれ理論的背景となったデューイ（Dewey, J.）とヴィゴツキー（Vygotsky, L. S.）の理論を再検討していく中で以下のように述べている。すなわち学びとは，所与の知識や技能を受動的・機械的に修得することではなく，対象であるモノや事柄や社会に働きかけて問題を構成し，道具的思考を展開して対象の意味を構成し世界を構成するという「問題解決的思考」という学びの活動的性格であり，知識は学びの活動とコミュニケーションの過程において連続的に構成され，

変容し発展し続けるものだった[8]としている。つまり，両者の理論に共通する意味において，知識とは「状況に埋め込まれて」いるものだというのである。そして，この「状況に埋め込まれた」知識とは，個別の具体的な事態に則した実践の経験の中で獲得する知識であり，そこでの学習者と知識との関係性が大切になってくると述べている。さらに，佐伯は，このことに関連した形で，教育において，従来の学習観を大きく転換させる必要性を示唆している。すなわち，文化遺産である知識や技術というものは，まさにモノである。そうした知識や技能を固定的にとらえ，特定の文脈や状況から切り離された一般的抽象的なモノであるとする立場では，知識や技術の体系に基づいて系列化された順序に従って，学習者発達段階に応じて，順次一つ一つの知識や技能の「まとまり」を確実に子どもに伝達することが教育であるとされていた。しかし，この学習観に固着してきたことにより，知識や技能というモノと学習者とが関わる「過程」と「文脈」といった関係性を欠落させ，学習者と知識とが断絶した状況が強まり，学習者は，知識を与えられる者でしかなくなり，学習者としての主体性を失っている。主体的に学ぶ場を提供しない教育が，学びから逸脱する学習者を作り出し，逸脱しようとすることを抑え込む管理主義は強くなり，一層主体性を育む場から遠ざかるという悪循環が生まれていると佐伯は指摘している[9]。こうしたことからも，知識というモノと自分とがどう関係しているのかというこの第二の次元のあり方が今後の教育のあり方を方向付けていく指標ともなりうるのではないだろうか。

　次に，私とヒトとの関係（第三の次元）に関することでは，学習においても，他者との関わりは重要であるとして，佐藤は，「学びの共同体」という概念には，まさにこうした自己と他者とが豊かに関わり合うことが学びを深めていくものだという意味が込められているものであり，あらゆる学びは，他者との関係をうちに含んだ社会的実践であるとして，たとえ一人で学ぶ状況に置かれた場合でさえ，その学びには他者との見えない関係が編み込まれていると指摘している[10]。

　さらに，佐藤は，学習という実践を，対象との関係と意味を構成する認知的・文化的実践であると同時に，教室の他者との対人関係を構成する社会的・政治的実践であり，自分自身の自己内関係を構成する倫理的・実存的実践でもある[11]と述べている。これはいま述べている四つの次元のうちの，私とモノとの関係の次元，私とヒトとの関係の次元，私と私（自己概念）との関係の次元に当たるものである。

残る私と価値との関係の次元については，佐藤は明確には指摘していない。これはどういうことを意味しているのであろうか。佐藤は学校教育に照準を合わせて議論を進めているが，多様な価値観が混在する中で公教育が最も身動きの取りにくい分野であることとも関係しているのであろう。しかし，家庭教育支援のあり方を考える上でも，自分と価値とがいかに関係していくのかという観点を失うことは，その人のあるべき自分像，行動規範を不明確にすることにつながるものと考える。その意味で，価値とは何か，価値とどう関わっていくのかというこの次元は，これまでの三つの次元との関係と同様に，いやそれ以上に大切な次元である。

(2) 関係をどうとらえるか

さて，ここまで，関係という言葉を用いてきたが，ここでいう関係とはいかなるものであるかということを明らかにしておきたい。前節で概括した四つの次元もその次元だけで存在するのではなく，中心にある私との関わり合いによって，いわば「生きた関係」にも「死んだ関係にもなりうる」ものであるとして，柳原が前述のような四つの次元を提示した背景に，ブーバー（Buber, M.）の思想がある。このブーバーの思想をもとに関係とは何かを明確にしておくことは大切であると考え，以下に提示する。

ブーバーによると，世界は人間の取る態度によって〈われ－それ（彼，彼女）〉，〈われ－なんじ〉という根源語によって語られる二つの世界に分けられるという。この根源語という意味は，「われ」，「それ」，「なんじ」がそれぞれ単独に存在して関係し合うというものではなく，〈われ－なんじ〉の世界における「われ」と〈われ－それ〉の世界における「われ」は本質的に違うものであるということを意味している。

さて，この両者はどう違うのであろうか。〈われ－それ〉の世界では，対象となるもの（「それ」）を，観察し，分析し，どのように利用するのかというように，対象となるものが持っている性質についての知識を経験しようとする世界である。そこでは，「われ」は，対象となるものをまさに「対象化」するだけの存在でしかないし，その「われ」自身が「それ」に対応する，つまり，自分自身をも対象と見ている「われ」なのである。

一方，〈われ－なんじ〉の世界での「われ」は，他者を対象とすることをせず，

全存在としての「なんじ」との間に直接的に行われる「出会い」という関係の中に現存するのである。はじめに関係がある，その関係の中で，「われ」は「なんじ」に自分自身をさらすことによって，真の「われ」になってくるのだとブーバーは言う。

　しかし，現実の世界では，この〈われ-なんじ〉の世界は時間と空間に何ら関係を持たないものであり，固定的にとらえることができない。そのため，瞬間の〈われ-なんじ〉の関係が終わるとそこでの出会いは過去の対象物となり〈われ-それ〉の世界のものとなるのである。しかし，逆に，それまで〈われ-それ〉の世界の対象物との間でも，その関係の中に入っていくことにより，「それ」は「なんじ」になることができると言う。

　現実の生活の中では，こうした〈われ-なんじ〉の世界は非日常的なものであり，それだけで生きていくことはできず，〈われ-それ〉の世界で生きていかねばならないのである。しかし，ブーバーは，「人間は『それ』なくしてはいきることは出来ない。しかし，『それ』のみで生きるものは，真の人間ではない」と語るように，他者と真の意味で出会う世界である〈われ-なんじ〉の世界の中で人間は存在するのであるということを強調している。

　こうした出会いは，単に人間同士の関わりに限られたことではない。ブーバーは，関係の世界を作る領域として，自然と交わる生活，人間と人間の交わる生活，精神的存在と交わる生活の三つを挙げている。そして，そのそれぞれの領域で，〈われ-なんじ〉の世界を持つことができるという。

　「〈なんじ〉との関係に立つものは，〈なんじ〉と現実を分かち合う。こうした〈われ-なんじ〉の〈われ〉が，強ければ強いほど一層人格的になる。逆に，ただ自己に関わることだけを知り，それ故〈なんじ〉に対する現実の関係を認めず，〈なんじ〉の現存も知らず，万事が彼のために〈それ〉となり，彼の役立つ〈それ〉となるような使命を求めていたとすればどうであろうか」とブーバーは問いかけている。前節で挙げた四つの次元それぞれにおいても，自分自身の存在と関わらせることなく，次元の対象を自分が利用するもの，対象とするものといった関係を作っていくのではなく，自分自身がそれぞれの次元とがどうつながっているのか，どう関わっているのかということを深めていくことが大切であるということを，ブーバーの思想は語っているのである。

柳原は，このブーバーの思想をもとに，関係とは何か，コミュニケーションとは何かということを考えるにあたり，いわゆる話し合いを，雑談，会話，対話の三つの段階に分類して他者との関わりを分析している。すなわち，雑談とは，結論や決定を特に求めないその場だけの話であり，親密な雰囲気を楽しむが内容的には大して建設的ではないものとしており，会話とは雑談よりは責任と主体性を持った話し合いだが，考えや情報を交換する性格のものとしている。これに対して，対話とは，考え，意見，感情の交流を含んだ信頼関係に基づいた話し合いであると定義づけており，相互の人格が尊重され，相互理解の上に成り立っているものだとしている。そして，この対話的な関係がブーバーの言う〈われ－なんじ〉に近く，人間としての成長，グループの成熟に不可欠なものであり，人間関係トレーニングの最終目標であると述べている[12]。

(3) 人間関係トレーニングの歴史

ここで言うグループとは，一般的にTグループ，エンカウンターグループ，感受性訓練などと言われている計画的に作られた集中的なグループ体験を行う人間集団を示している。これは，ロジャーズ（Rogers, C.）が「今世紀最も急速に拡大している社会的発明」である[13]と指摘しているものである。

ここで，ロジャーズが，その著書『エンカウンター・グループ』において，グループの起こりとして，冒頭にTグループの出現の経緯について述べている[14]こと，ベネ（Benne, K. D.）が『Tグループの理論と方法』において明らかにした「ラボラトリーにおけるTグループの歴史」をもとにして，その歴史的経緯をまとめると，次のような経緯を見ることができる。

1946年，マサチューセッツ工科大学集団力学研究所でグループダイナミクスの研究していたレヴィン（Lewin, K.）らの研究チームは，コネチカット州教育局人権問題委員会の依頼を受け，地域社会の人権的・社会的偏見の問題に取り組むソーシャルワーカーのための教育トレーニングを目指したワークショップを開催していた。そのワークショップでは，メンバーが現場の問題をロールプレイしたり，小グループに分かれて何度も話し合ったりすることが中心的な課題であった。その研修期間中，毎晩，研究チームのスタッフミーティングが持たれ，当日，グループの中で何が起こっていたか（リーダーやメンバーの行動の分析と解釈），どのようにグ

ループが成長していったか（グループの発達過程）についてスタッフ相互に検討していた。そうした期間中，メンバーの1人がスタッフミーティングに出席したいとの希望が出され，スタッフミーティングを観察することになった。そこで行われたスタッフによる観察事実の解釈に対して，出席したメンバーから異議が出されたことがきっかけとなり，リーダー，調査研究者，メンバー全員が，グループの中で起こっている対人行動や集団行動を率直に検討する機会が生まれた。そこでは，グループのメンバーは，体験した感情や心の動きを出し合いながら，その場で何が起こっていたのかをメンバー全員で具体的に検討したり解釈したりして，理解を深めることができるという出来事が生じた。このことを目の当たりにしたレヴィンは，グループダイナミクスや人間関係に関するトレーニングや学習には，一般的な知識を伝達するといった学習よりも，「いま，ここ」で起こっていることを素材として学んでいく学習の方が有効であることを発見したのである。その後，レヴィンはこうした学習方法を実践することなく，この世を去ったが，レヴィンと共に研究した人々により，1947年メイン州ベゼルで最初のいわゆるTグループ（トレーニンググループの略）が開催された。これがNTL（National Training Laboratory in Group Development）と呼ばれるグループトレーニングの第1回となった[15]。

　一方，レヴィンの発見と同時期に，カウンセラー養成に関わっていたロジャーズは，認知的訓練はいかに多くても役立たないと感じていた。そこで，個人の成長，個人間のコミュニケーションおよび対人関係の発展と改善を第一の目的として，自己をよりよく理解し，カウンセリング関係で自己の態度に気づき，カウンセリングの場面で役立て利用しうる方法で相互関係を持てる場として，ベーシック・エンカウンターグループと呼んだ集中的グループ体験を試みるようになった。このことをロジャーズは，「これは，個人にとってセラピー的な価値をもつ過程で，経験的学習と認知的学習を結びつけようとする企てであった」と記している[16]。

　このエンカウンターグループは，ロジャーズが主張するクライエント中心療法の視点をグループの中に取り入れており，メンバー相互の理解・出会いに力点が置かれている。そのため，個人的治療的な色彩が濃いものであり，ロジャーズ自身も「われわれはベゼルで始まったグループよりも経験的で治療的なものを志向していた」[17]と述べ，Tグループとエンカウンター・グループとの相違点について，人間関係技法を強調する方向と，個人的治療的成長を目指す方向とが相違点であるとし

ている。

　しかし，この両者に共通するものは，「いま，ここで」の体験を素材として，言語的，非言語的諸活動という多様な媒体を通して，対人関係面での成長と創造性に重点が置かれている点である。こうした共通点を基盤として，Tグループとエンカウンターグループは相互に影響し合うようになり，Tグループも当初人間関係の技法を強調する傾向にあったが，個と集団との関わりを学んだり，自分の生き方を探る場となるように自己と他者との関わりを学ぶ場として発展している。こうして人間関係訓練として展開してきたTグループと個人的治療的成長を目指すエンカウンターグループとは，その後，互いに影響し合いながら展開してきていると言えよう。

　また，日本では1958（昭和33）年に，世界キリスト教協議会，日曜学校協会主催の第14回基督教教育世界大会が行われた。その際，世界キリスト教協議会から日本キリスト教協議会に対して「教会における集団生活指導者研修会」（Church and Group Life Laboratory）を大会事業の一環として開催してはどうかという勧めがあり，山梨県清里において，第1回教会集団生活指導者研修会（Laboratory on the Church and Group Life）として，Tグループが11泊12日で実施された。

　この研修会は米国聖公会教育局の全面的な支援によるもので，全米教育協会訓練部門（NTL）が開発したラボラトリー方式による「人間関係訓練」（Human Relations Training）を教会生活の革新を目ざして日本の諸教会に紹介しようとしたものであった。そして，1960（昭和35）年夏，第2回目の研修会がアメリカ，カナダの聖公会からの指導者を再び迎えて開かれ，多大な成果を収め，この種のトレーニングが日本において必要であることが認識された。そこでこの種の運動の推進の中心となるべき研究所設立の要望が強まり，1962（昭和37）年4月に立教大学内の一機関として，キリスト教教育研究所（JICE）が設立された[18]。以後，キリスト教教育指導者への教育に止まらず，企業での社員の能力開発のためのトレーニングや対人援助にかかわる人材育成のためのトレーニングなどとして展開されていた。大学における教育としては，1973（昭和48）年に南山短期大学に人間関係科が設置され[19]，人間関係トレーニングの理論としての体験学習による学びが展開されている。また，1999（平成11）年からは南山短期大学人間関係科のスタッフが事務局となり日本体験学習研究会が発足し，これまで様々な分野で実践されてきた体験学

第1節　ラボラトリー・メソッドによる人間関係トレーニング　　105

習への研究が深められてきている。

(4) Tグループの過程

さて，ここでは，いわゆるTグループと呼ばれるトレーニングの動きについて特徴的な点を取り上げていくこととしたい。

ア．文化的孤島

Tグループが行われる場として重視されるのが「文化的孤島（Cultural Island）」という概念である。これは，互いに未知の間柄であった参加者らがそれぞれの生活や仕事といった日常の場面から離れ，『人間関係の実験室訓練』のために特有の共同社会を営み出すという『訓練共同社会の形態・行動・機能などに見られる特性』[20]」を総称した概念である。つまり，通常日常生活から心理的にも離れた場所で，日常生活において固定化した立場や役割，あるいは思考や行動様式といった統制から心理的にも社会的にも解放され，本来の自分自身の欲求や価値観に基づいて行動することが可能な基礎的な土壌を形成しているのである。

イ．プログラム構成

Tグループでは，Tセッション（狭義のTグループとも言われる）と名付けられた，7～8人のメンバーと1～2人のトレーナーで構成されたグループで，一つの部屋に集まり，共に時間を過ごすものと，Gセッションと名付けられた参加者全員が体験し学習した共通のテーマについて，一般化するための時間とに分けられる。さらに自由時間やその他のインフォーマルな時間も多く取られているが，こうした時間も学習の場となっていることも見逃せない。このように全体の日程の中でメンバー自身が様々な動きをする中で，自己や他者との関係を持つことになるのである。

ウ．Tグループの動き

Tグループの中心的な場を占めるTセッションでは，開始当時にトレーナーから「ここでは，時間と場所とメンバーは決められています。しかし，ここで何をするかは何も決められていません。それはみなさん（メンバー）が作り上げるものです」といったことが説明されて始まっていく。つまり，メンバーはあらかじめ決められた話題や従わねばならないルールといった場の設定がほとんどない状況に身を投じることになる。それは，場の設定や目標といったものはトレーナーが設定してくれ

表 5-1　ベニスによるTグループの活動過程の段階説

[Chart] 第1相：依存―権威関係

	（支相1） 依存-服従	（支相2） 反依存	（支相3） 解　決
情緒様相	依存-逃避	反依存-闘争 目的から離れたメンバー間の闘争，トレーナーへの不信，両価感情	一対関係 グループ課題への深い没入
話題内容	Tグループから離れた対人関係についての外の話題討議	グループ組織の討議（効果的グループ行動のために）	トレーナー役割の討議と定義づけ
主導的役割 （中心人物）	断定的反抗的メンバー，豊かな組織活動や社会科学の経験の持ち主	最も断定的で反依存のメンバーと依存的メンバー。独断の少ない引込思案の自立的人物と依存的人物	独断的人物
集団構造	過去経験に基づいて多数のサブグループに組織化される	反抗と依存の，リーダーとメンバーの派に分かれる	グループは目標のために統一され，内的な権威体制が発達
集団活動	自己満足的行動，最近集めた社会的資料の回顧	合意のメカニズムの模索，投票，司会者の設定，「妥当」な議題内容の探索	トレーナーに支えられながらも，メンバーたちから認められたリーダーシップ役割をにぎるメンバーが現れる
集団活動を助長するもの	トレーナーは，場を構成するための伝統的なやり方や公正な行動のルール設定	最も反抗的，反依存のメンバーや依存的メンバーによる，トレーナーからの解放	全体統一へとサブグループを融合させていた反抗的自立者の態度
主要特性	投影，権威の中傷		グループは第2期へ

[Chart] 第2相：相互依存-相互関係

	（支相4） 恍惚状態	（支相5） 覚醒状態	（支相6） 合意による確信
情緒様相	一対関係-逃避 分析を進めることを忘れた手放しの状態	闘争-逃避 不安反応 メンバー相互間の不信	一対関係 理解
話題内容	この「グループ史」の討議，一般に，進路，グループ，メンバーシップについての健康な観点	（支相1）での内容課題の再現（グループとは何か，ここでは何をしているか），行動コードの設定	メンバー役割の討議と評価
主導的役割 （中心人物）	初めて集団参加らしくなる友情集団の生起	反友情集団と友情集団のメンバー	自立したメンバー
集団構造	団結性，融合，高い仲間意識（ルボンの groupmind に当てはまる状態）	反友情集団と友情集団に分裂メンバーは状況での必要性に従って行動	個人的感情に基づかないで状況に対応出来る集団が成立。リアリティの受容の集団
集団活動	高笑い，冗談，ユーモア，ファン行動によってなされるような幸福に満ちた活動，高度の集団参加と相互作用	沈滞，拒否，嫌気，グループの無価値。メンバーからは時々援助を求める行動がある	相互関係とコミュニケーションがスムーズになり，現実的に集団を受容する
集団活動を助長するもの	自立と学習がトレーナー拒否により獲得される。権威と統制に対する効果的意味が合意的に引き出される	前の反動としての失意。求めていた親密や親愛がグループを分裂させることになるという恐怖。反友情の否定的個人はグループをけなすことで不安を減少させる	外部的現象グループの終結。相互依存的。自立的個人よりリアリティをテストし，グループ参加度により，内閉的確信を引き下げる
主要特性	拒絶，遊離，知識化，疎外		

（横山定雄『センシティビティ・トレーニング』同文館，1965年，pp.183〜184 から作成）

るだろう，というこれまでの教育場面で当然のこととして受け取られていた期待を裏切ることになる。そこで，メンバーはそれぞれにとまどい，自分自身の目標はいったい何だったのだろうか，そしてここでどのようなことをすればよいのだろうか，ここでの居心地をよくするためにはどうすればよいだろうかといった様々な問題に直面する。こうした問題に対処するためにそれぞれのメンバーは自分なりの動きをするようになる。ある者はトレーナーに質問を繰り返し，この不明確な構造を明確にしようとするし，ある者は不安げに見守るし，ある者は自己紹介しようと提案するなど，様々な動きを見せる。

　そうした中で，権威者であるはずのトレーナーへの依存，依存に応えてくれないために起こるトレーナーへの反依存としての攻撃感情，そうした感情の大きさがメンバーそれぞれに違いがあることから生じる葛藤状況などを体験する。そうした葛藤状況をそれぞれに解決しようとして，メンバー各自が自己の感情や行動をさらけ出し，自分の行動について，他のメンバーからフィードバック（参加者相互に，各自の特有な考え方や感情を互いに知らせ合うこと）を受け，他のメンバーの行動に対してフィードバックを与えるダイナミックな相互作用が起こることで，メンバー相互に基本的な出会い（basic encounter）が生じてくるのである。

　ボストン大学の社会心理学者でNTLのスタッフであるベニスは，こうしたTグループの発達過程について，依存-権威関係（dependence-authority relations）から相互関係-人格関係（interdependence-personal relations）へという段階説を提示している（表5-1）[21]。

　つまり，権威者への依存と反発といういわば上下関係からから脱却し，メンバー相互の支持的な関係へと展開していくというものである。そうした過程の中で，自己理解が急速に深まり，同時に他者への理解と受容の態度が深まっていくのである。

(5) グループワークとしてのTグループの位置づけ

　グループアプローチとは，グループという媒体を基礎的構造として，様々な目的に沿って，あるいは今後も広がり続ける母集団に合わせて，あるいは様々な設定に即して，修正し，適用することが出来るものとされている。

　ここでは，これまでに検討してきたTグループの立場を明確化するために，多様

図5-2 コーニンによるグループワークグリッド

		介入目的の強調点			
		改善		向上	
		人間	課題	人間	課題
個人	タイプ 例	パーソナリティ変革 心理療法	リハビリテーション 治療的社会技能	人間的成長 人間的発達	技能発達 人間関係技能トレーニング
対人関係	タイプ 例	対人関係問題解決 カウンセリング	再社会化 社会的抑制	対人関係的成長 Tグループ	学習 体系的グループ討論
組織	タイプ 例	従業員変革 授業員援助	組織の変革 社会風土	経営発達 チームの発達	組織の発展 クオリティーサークル(QC)
コミュニティ住民	タイプ 例	二次的/三次的予防 相互援助	コミュニティ変革 行動	健康増進/一次的予防 人生の過渡期	コミュニティ発展 将来化

（介入レベルの強調点）

図5-2 コーニンによるグループワークグリッド
コーニン編『ハンドブック グループワーク』（馬場禮子監訳，岩崎学術出版1989年）

なグループアプローチの中でどういう位置にあるものかを論じていくこととしたい。

そこで，第4章では家庭教育の位置づけを明らかにするために用いたコーニンらによるグループワークグリッド（図5-2）を再度提示する[22]。

これは，①グループワーク介入の目的，つまり改善のためか，向上のためかということ，②グループワーク介入のレベル，つまり個人か対人関係か，組織か，あるいは地域コミュニティかのどのレベルを目指して介入するのかという二つの次元から成り立っているものである。さらに前者の次元については，改善の目的も向上の目的も，グループによる達成の目標を人間に置くのか課題に置くのかという強調点で下位分類されるとしたものである。

こうして16タイプのグループタイプが生じているが，それぞれのタイプ間には明らかな区分があると同時に浸透性と流動性もあることを示すために点線で区切られているのがこのグリッドの特徴である。

このグリッドの中で，Tグループは対人関係レベルを目指して介入していくもの

に位置しており，メンバー間に生じる相互作用を基盤として，対人関係に関する能力の向上が強調されている。そこには参加する，観察する，傾聴する，自己表現するといった基本的なコミュニケーションのプロセスが含まれており，自分自身や他者の体験（考えや感覚）に対する感受性を高めるために，メンバー間の意見交換，自分や他の人がどうとらえているのかといった点に焦点が当てられている。

このグリッドで注目されるのが，対人関係的成長を目指すTグループと体系的グループ討論法と言われる小グループでの討論による学習が，グループによる達成の目標を人間に置くのか課題に置くのかの違いだけで，対人関係レベルでの介入を強調点としていることでは共通している点である。しかも，この区切りは，コーニン自身が述べているように浸透性と流動性のある区切りである。これは，グループ学習と言われる場面においても，課題そのものの学習と並行して，メンバーが遭遇するグループプロセスやグループ自体の発達，グループプロセス上の避けがたい問題を認識（診断）し，対処（治療）するのを助ける何らかの方法を導入する必要があると指摘していることからも分かるように，ある課題に取り組むといった，いわば自分と課題との関わり合いと同時に，そこに起こる自己と他者との関わり合いという対人関係能力の視点が必要であることを示唆している。

第2節　教育方法としてのラボラトリー・メソッドの位置づけ

1. 本節のねらい

対人援助の方法は，形態によって大きく分けると，個人アプローチとグループ・アプローチに分けられる。個人アプローチとは援助サービスを提供する者と受ける者といった一対一の関係性の中で行われるものである。一方，グループ・アプローチとは，グループという媒体を基礎的な構造として，集団としての特性・機能などを活用し，心理療法，教育・訓練といった目的に応じて行われるものである。

このグループ・アプローチの技法としては，例えばエンカウンター・グループ，Tグループ，ゲシュタルトセラピー，家族療法など，その目的並びにグループメンバーの状況及び関係性などに応じて種々のものが挙げられる。この中でも，エンカウンター・グループやTグループは，10人程度の小集団でのグループ・セッションを中心とした集中的なグループ体験を行う人間集団であり，ロジャーズが「今世

紀最も急速に拡大している社会的発明,おそらく最も将来性のある発明であろう。それはいろいろな名称で通っているが,〈Tグループ〉,〈エンカウンター・グループ〉,〈感受性訓練〉というものが最も一般的である[23]」と指摘しているように,Tグループとエンカウンター・グループは同列に扱われることも多い。

しかし,このTグループとエンカウンター・グループとは,類似点も多いものの,ねらいや理論的な背景などの点で相違点も多い。そこで,本論では,グループ・アプローチとしてのTグループとエンカウンター・グループの類似点と相違点を指摘することにより,双方のグループ・アプローチの特質を明らかにしていくこととした。

2. 先行研究に見られるTグループとエンカウンター・グループの類似点と相違点

ここでは,Tグループとエンカウンター・グループとの間の影響関係を踏まえ,コーヘン(Cohen, A. M.)とスミス(Smith, R. D.)が1976年に作成した治療的な志向のある治療グループ,Tグループ,エンカウンター・グループの三者について類似点と相違点をまとめたグループ比較表[24](表5-2)を見てみることにしたい。

これは,様々な面から,Tグループとエンカウンター・グループ,さらに治療グループを比較しまとめたものとして評価できるが,主として,Tグループのグループダイナミクスに対する力点と,教育的な枠組みのとらえ方の違いが明確になっている点が特徴である。

我が国においては,Tグループとエンカウンター・グループは,全く同一のものに融合されるのではなく,Tグループはあくまでもグループとして,エンカウンター・グループはあくまでエンカウンター・グループとして展開しており,我が国にもTグループとエンカウンター・グループは異なったものとして導入されてきているが,そうした中で,野島は,エンカウンター・グループの特徴を以下の8点にまとめた上で,エンカウンター・グループと他のグループ・アプローチ(Tグループ,集団精神療法)の本質的な違いは,次の①と②の2点にあるとしている。

① 目的は成長である――「訓練」を目的とするTグループ,「治療」を目的とする集団精神療法とは異なる。

表5-2 治療グループ，Tグループ，エンカウンター・グループの類似点と相違点

	治療グループ（指示的・非指示的）	Tグループ	エンカウンター・グループ
1	メンバーは，自分自身を不適応，または，病気と見ている。	メンバーは，自分自身を本質的には，"正常"とみなし，自分の改善のためには，自分にとって具体的な問題領域に触れることがあるかもしれない，と見ている。	メンバー自身は，本質的に"正常"だと見ており，自分にとって具体的な問題領域に入ることもある，と見ている。
2	メンバーは，グループのダイナミックスには特に関心がない。グループは問題解決する媒体にすぎない。	メンバーは，グループのダイナミックスの研究を一つの重要な目標として，特に興味を持っている。	メンバーは，グループのダイナミックスに特に関心はない。グループは，それを通して他者を経験する媒体にすぎない。
3	グループ・リーダーは，活動を促進していても，グループ活動を通じても，中心人物である。	グループ・リーダーは，初めは中心的人物であるが，グループ活動が進むに従って，徐々に分与的リーダーシップに進んでいく。	グループ・リーダーは，諸活動を促進，または，指導していても，一貫して中心人物である。
4	感情，出来事については，ある種の特殊なパーソナリティ論の枠組の中で考えられてはいるが，グループ・リーダーは，形の決まった理論の導入をすることはめったにない。	その時々のグループの感情や出来事に応じて，フィードバックとか権威といった問題点についての短い理論の導入をしばしば与える。	グループ・リーダーは，形の決まった理論の導入はしない。その場の感情や出来事を最低共通のレベル，すなわち基本的原初感情として討議される。
5	指示的アプローチでは，通常個人ペースで患者の必要性に応じて，教育的技術から治療的技術までの広範な範囲から，事前にスタッフが計画する。	参加者の学習欲求に応じるために，知的教育的から経験的技法の範囲で，スタッフは事前の計画をする。	一般的には，スタッフの計画はほとんどない。メンバー自身が相互作用によって彼らの必要性を決定する。スタッフは広範な経験的技法を提供する。
6	典型的には，グループは個人の発達に関する既存の材料を含めて，there and then の討議に非常に重きを置く。	典型的には，個人の発達に関する既存の材料はほとんど用いられず，here and now で討議をする。	グループはほとんど here and now の討議に終始する。個人の発達に関する既存の材料は避ける。
7	グループには，あらかじめ決めた議題はない。グループの行動がグループ討議の方向を決める。	時には，グループの導入なり，活動で始まることもあるが，典型的にはそうではない。グループの行動がグループの方向を決める。	時には，グループはウォーミングアップの活動をもって始まることもあるが，あらかじめ決めた議題はない。グループの行動がグループの方向を決める。
8	強調点は，問題の理解と関連した感情を経験することにある。通常，理解は心理学の理論（指示的），または自己成長の理論（非指示的）に基づいている。	強調点は，感情を経験することや，経験を概念化し，また理解しうることにある。	強調点は，感情を経験することにあり，感情そのものが究極的目的である。感情についての討議は許されるが，抽象的概念化は歓迎されないか，無視される。
9	フィードバック，支持，開示などの適切な方法（スキル）による的確なコミュニケーションの重要性に強調点がある。	左に同じ。	左に同じ。
10	主として言語的活動を通して，パーソナルな問題を解決し，パーソナルな適応をすることに重点がある。	言語的，非言語的諸活動という多様な媒体を通しての，パーソナルな成長と創造性に重点が置かれる。	左に同じ。
11	焦点は，個人がグループの外の現実社会での行動変容のための新しい洞察，または新しい動機を獲得することにある。	焦点は，対人関係の効果性の増大と，グループの中での新しい行動を試み，または実験してみることにある。	焦点は，グループの中で新しい行動を試み，実験してみることにある。

Arthur M.Cohen & R.Douglas Smith, *La Jolla, Calif.*, University Associates, Inc., 1976

（津村俊充，星野欣生『Creative Human Relations Vol I』プレスタイム　1996年　pp.279～280）

② ファシリテーターシップはファシリテーターに固定せず，全員が共有するシェアード・ファシリテーターシップ（Shared facilitator ship）と言うこともある。ちなみに，Tグループの「トレーナー」，集団精神療法の「セラピスト」あるいは「リーダー」は，基本的に一貫してリーダーシップを取り続ける人である。また，Tグループの「トレーナー」，集団精神療法の「セラピスト」あるいは「リーダー」とそのグループの参加者の関係は，一貫して「援助者」と「非援助者」といった一種の上下関係である。

③ 自発的・創造的なプロセス志向（process oriented）である―あらかじめ準備されたプログラムやテーマやシナリオは一切なく，ファシリテーターとメンバーで模索しつつ展開していく。

④ 相互作用が行われる―ファシリテーターとメンバー，メンバーとメンバーの間で互いに作用し合う。

⑤ 安全・信頼の雰囲気を大切にする―強制したり，無理をさせたり，脅威を与えたりする雰囲気ではない。

⑥ 自分自身及び他者にオープンになる―自己欺まん的，自己防衛的ではなくなり，正直，率直，素直になる。

⑦ 集中的に時間を取る―普通は数日間合宿をする。

⑧ 小グループである―中グループ，大グループとは異なる。

以上のように，野島は，Tグループを「訓練」であり，ファシリテーターとメンバーの間のリーダーシップのあり方が固定的である点が相違点であるとしている。

ただし，②のリーダーシップのとらえ方については，先のコーヘンとスミスの指摘とは全く正反対である点で，大きく異なるものである。

3. 方法
(1) 比較対象とした二つのグループ・アプローチ

こうした先行研究を踏まえて，筆者自身が関わった次に掲げる二つのTグループとエンカウンター・グループについての類似点と相違点を明らかにすることとしたい。

ただし，筆者のこれまでのグループ体験はTグループを主体としたものであり，エンカウンター・グループの体験はTグループに比較すると少ない。そのため，本

論文もTグループの特質を明らかにするための比較対象をエンカウンター・グループに求めたという位置づけがなされたものと考えている。

ア．Tグループ

（ア）実施形態

筆者がファシリテーター[25]として主催者の1人として関与したTグループである。

（イ）参加メンバー

主として対人援助活動を志す学生が主体。全参加者16人を2グループに分けて実施した。

（ウ）ファシリテーター

3人（筆者を含む）。それぞれのグループに1人ずつファシリテーターとして入り、もう1人は双方のグループを交互にオブザーバーとして入っていた。

イ．エンカウンター・グループ

（ア）実施形態

教育のためのエンカウンター・グループ経験を中心としたエンカウンター・グループである。

（イ）参加メンバー

学生から社会人まで35人。そのうち、ファシリテータートレーニングとしては17人を2グループに分けて実施した。

（ウ）ファシリテーター

ファシリテータートレーニングであることから、参加メンバーの中から各セッションで交互に2人ずつファシリテーター役割をとる形態を取った。また、参加者の1人は全てのセッションでオブザーバーとして関与した。さらに、セッション終了後、クリティーキングの時間が持たれ、そのセッションでのファシリテーターの介入行動などについて検討する時間を持っていた。

(2) 比較対象としての妥当性の検討

Tグループとエンカウンター・グループの実際のプログラム経験を通して、プログラム構成、グループ・アプローチとしての枠組みのとらえ方、小集団でのセッションにおけるファシリテーターの介入行動のあり方などについて比較することとし

た。

　比較対象のグループは次の通りである。

　前述の通り，Tグループについては，筆者がファシリテーターとして実施前の段階から関与してきたもので，エンカウンター・グループについては一参加者として参加したものであり，筆者の関与の状態から見ると，直接の比較対象とはならないとの見解も出てこよう。さらに，こうしたグループ・アプローチはファシリテーターの考え方によっては，たとえば，Tグループに近いエンカウンター・グループや，エンカウンター・グループに近いTグループなどというようにかなり異なったものとなりうる可能性もある。しかも，参加者自身の動きにグループのあり方が異なってくることから，今回の二つのグループ・アプローチの比較が，そのままTグループとエンカウンター・グループの比較とはなりえないという考え方は筆者も賛同している。

　しかし，今回の研究では，グループで起こった内容を比較するのではなく，グループを構成するもの，すなわち，同じ3泊4日の日程をどのように展開させているか，プログラム構成の基本的な考え方，参加者の関与の程度，グループ・アプローチとしての構成のあり方など，いわば外形的な要素に近いものについて比較することとした。そのことで，両者の比較は可能になると考えた。

4. 結果
(1) 主催者側から提示された情報について

　双方のグループ・アプローチについて，そのプログラムをどう説明しているかという点に焦点を当て，参加を呼びかけるそれぞれの案内文書から明らかにしてみよう。

　まず，Tグループでは，「プログラムの中心は，Tグループとよばれる小グループ（10名前後）の体験です。参加者はグループに分かれ，何もないところからグループが生まれ育っていくこと，受容・共感の体験を味わいつつ自分・他者への気づきを深め，お互いの影響関係を探り，できれば新しい行動を試みます。さらにTグループの他に，全体会を設け，経験の共有化や，学習の一般化を試みます」とした上で，「この研修において得られるものは，自分や他者理解，対人関係能力，グループ・プロセスの理解などです」としている。

一方，エンカウンター・グループでは，「エンカウンター・グループをベースにしたワークショップですが，参加者全員で話し合うコミュニティ・ミィーティングを設定し，加えて小グループと関心・課題別グループを含めて進められます」とした上で，エンカウンター・グループについては，「10人前後からなる小グループを作り，特定の議題や課題を予め設定せずに，自由な話し合いや触れ合い，お互いや自己への理解・気づきを進めます。この体験がその後の学習を容易にするとともに，人間関係の促進などに自己の力を見出すことが期待されます」としている。

この案内文から見た類似点は，10人前後の小グループで特定の議題や課題のないグループが中心になることであろう。しかし，Tグループの案内で見られる「お互いの影響関係」や「グループ・プロセスの理解」といった言葉は，エンカウンター・グループのそれでは見られない点が相違点であろう。

(2) プログラム構成について

表5-3はTグループのプログラム，表5-4はエンカウンター・グループのプログラムである。

ただし，双方とも当初提示したものではなく，結果的にこのような時間配分で実施したという結果である。また，このプログラムはそれぞれのグループ・アプローチの一例であり，これが代表的なものというわけではないが，この両者における類似点と相違点を明らかにしてみよう。

ア．プログラム決定プロセス

エンカウンター・グループでは，「主催者が一方的にスケジュールを決めたり，一度決めたら固定的に進めるといったことはありません。参加者一人一人が自らの意志や内面の動きを尊重し，お互いの希望をも尊重し合い，このプログラム自体を創り上げていくプロセスこそが重要だと考えています。スケジュール案を示していますが，実際のスケジュールはコミュニティ・ミィーテングで決定します」とあるように，スケジュール決定プロセス自体が参加者の話し合いに委ねられている。

その一方，Tグループではスケジュール自体は主催者側で決定し，それを参加者に提示するという形を取っている。

この点は大きな相違点である。

実際，エンカウンター・グループ第1日目のコミュニティ・グループでは2時間

表5-3 HCL（Tグループ）スケジュール

第1日目	第2日目	第3日目	第4日目
	8:00 朝食	8:00 朝食	8:00 朝食
	9:00 T2	9:00 T6	9:00 全体会5 ふりかえり
	10:30 休憩	10:30 休憩	
	11:00 T3	11:00 T7	12:00 昼食
13:00 受付 13:30 オリエンテーション	12:30 昼食 自由	12:30 昼食 自由	13:00 全体会6 現場に向かって
14:00 全体会1	14:00 全体会3 ノンバーバル	14:00 全体会4 無言の散策	14:30 閉会
			15:00 解散
15:30 休憩	15:30 休憩	15:30 休憩	
16:00 全体会2 ブロックモデル	16:00 T4	16:00 T8	
17:30 休憩	17:30 休憩	17:30 休憩	
18:00 夕食	18:00 夕食	18:00 夕食	
19:30 T1	19:30 T5	19:30 T9	
21:00 夜の集い	21:00 夜の集い	21:00 夜の集い	
22:00	22:00	22:00	

表5-4 エンカウンター・グループのスケジュール（結果）

第1日目	第2日目	第3日目	第4日目
	8:00 朝食	8:00 朝食	8:00 朝食
	9:00 コミュニティ主な内容 課題関心別グループの説明 3日目の夕食時間について	9:00 コミュニティ主な内容 課題関心別グループでの印象など	9:00 コミュニティ 主な内容 全体をふりかえってなど
13:00 受付 13:30 オリエンテーション	12:00 昼食	12:00 昼食	12:00 解散
14:00 受付 15:00 コミュニティ 　主な内容 　スケジュールについての話し合い	14:00 課題関心別 グループ ＊フォーカシング体験 ＊ロジャーズのビデオ視聴 ＊クオリティ・スクール体験 　など	14:00 課題関心別 グループ ＊登山 ＊体ほぐし ＊セルフエンパワメント　カウンセリング	
18:00 夕食	18:00 夕食	18:00 夕食	
19:30 小グループ	19:30 小グループ	20:00 小グループ	
22:00	22:00	22:30	

以上にわたり，スケジュールについての話し合いが行われていた。
　そこでの主なテーマは，主催者からその場で提示されたスケジュールが当初の案内で配布したスケジュール原案とは異なっていたことや，小グループの持ち方をどうするのかといった話題であった。このテーマを通して，主催者側とメンバーの間に今回の研修会への姿勢の違い，すなわち，ゆったりとした時間を持つことを重視する立場と研修としての学びの時間を持つことを重視する立場の相違などが明らかになっていた（この話題は2日目午前のコミュニティ・ミーティングにも引き続き出されていた）。さらに，全体でのコミュニティの時間が多くなりすぎていて，小グループの機会が少なすぎるというメンバーの思いが出されたが，それに対しては主催者の一人から，「世の中で応用するには大勢の中で自分の思いをどう伝えるのかだし，大グループでこそありのままに表現。小グループではふりをすることができる」といったことが語られていた。
　この経緯を通して，筆者は，初回のコミュニティ・ミーティングの中で，エンカウンター・グループのあり方について，多様な思いを持ったメンバーが集まっているということを明確にすることができ，全体の中でも自分の思いを表明していってもよいという安全の風土形成に好影響を及ぼすことが図られているのではないかと見ている。
　その一方で，Tグループでは，この時間帯と同じ時間帯を用いて，全体会1として主催者側のねらいを提示した上で，参加者それぞれのねらいを明確化するセッションを持ち，引き続き全体会2として，グループでの課題解決実習（ブロックモデル）を設定し，グループで取り組むという姿勢を明確化する作業を行っている。
　この導入段階での相違点からは，エンカウンター・グループではあくまで個人内で生じる思いや考え方をグループという場で表明する作業を重視していることに対して，Tグループでは，グループのダイナミクスという点にも力点を置いていることが表れていると言えよう。

イ．小グループをめぐって
　今回のTグループではT1～T9と90分のセッションを9回設定している。この回数は固定的なものではなく，5泊6日のプログラムでは13～14回程度のTグループを設定する場合もあり，この3泊4日のTグループでの9回というのはグループの成長という観点から見ると，最小の設定と言ってもよいだろう。また，この

90分のうち実際のセッションは75分，あと15分はそのセッションでの自分自身の動きやグループプロセスを明確にするための記録用紙（ふりかえり用紙）の記入に当てられる。

一方，エンカウンター・グループでは，同じ3泊4日の日程で，150分のセッションが3〜4回設定されている（筆者の参加したグループだけファシリテーターロールを取る人数の関係上，4回のセッションが必要だったため，課題関心別グループの時間が充てられた。ただし，ファシリテータートレーニングということで，それぞれ30分ずつクリティークの時間が含められている）。この回数も，固定的なものではなく，コミュニティ・ミーティングの設定回数との関係で増減があるようだが，比較的時間設定が長い点が特徴であろう。また，Tグループで行われているような記録用紙の記入は行われなかった。

この点を見ると，Tグループでは感情を経験することとともに，その経験を概念化し，理解していくことに力点が置かれているのに対して，エンカウンター・グループでは感情を経験することそのものが目的となっているということが表れていると言えよう。

次に，セッションでのファシリテーターの介入行動について考えてみたい。

これはTグループ，エンカウンター・グループともに，ファシリテーターが指示的に特定の方向にグループの状況を持っていくことはないため，必ずしも固定的な介入行動が見られる訳ではないものの，Tグループではグループのメンバー間のリーダーシップのあり方や「いま，ここ」でのグループの状況に目を向けることを促進するような介入行動が見られ，導入当初は各メンバーが自発的に互いの関係性を促進する意味でもファシリテーターはファシリテーターとしての立場を明確に取り，しだいにメンバーとしての役割を取っていくのに対して，エンカウンター・グループでは，メンバー相互の関係性を促進するのではなく，個々人の情緒的な自己開示を促進し，個人的な感情体験を深めることやメンバーの内面の動きを言語化することに介入行動の力点が置かれ，メンバーシップの点でも，「エンカウンター・グループでは，ファシリテーターは最初からメンバーである」と，クリティークの際にファシリテーターの1人が話したように，メンバーの1人として関わっていくという姿勢の強さが表れていた。

すなわち，Tグループでもエンカウンター・グループでも「いま，ここ」で

(here & now) が重視されるというものの，Tグループでの「いま，ここ」は，メンバーの感情およびメンバー間の関係性（process）に焦点が当てられているのに対して，エンカウンター・グループでの「いま，ここ」は，メンバーの関係性という視点は乏しく，メンバーが「いま，ここ」で感じたこと，そして，「いま，ここ」の感情に至るまでのメンバーの存在（presence）に焦点が当てられている点での相違であると考えられる。

ウ．全体会とコミュニティの類似点と相違点

　スケジュールだけを見ていると，Tグループの全体会とエンカウンター・グループのコミュニティ・ミーティングとは同種のものと受け止められるかもしれない。しかし，両者は大きく異なるものだった。

　Tグループの全体会は，第1日目の導入にあたる部分，第2日目，第3日目はTグループセッションでのグループメンバー間の関係性を促進するための働きかけ，第4日目は，Tグループセッションで生起した個人内の感情やグループの関係性を概念化し，グループの成長という理論的な枠組みと自らの体験を統合することをねらいとして設定されている。すなわち，あくまでTグループセッションの関係性を促進したり，Tグループセッションでの体験を概念化するというように，あくまで小グループとの関係の中で全体会が位置づけられるものである。

　一方，エンカウンター・グループのコミュニティ・ミーティングは，「参加者全員が顔を合わせ，交流を深め合い，また，このプログラムの運営を決定するための機会です。スケジュールづくりをはじめ，この研修会進行中の問題を全員で話し合ったり，決定するのはもちろんのこと，個人の体験・感想・意見・感情を表明し合い，学級，学校，地域の人間関係のあり方の基盤を模索することが期待されます」とあるように，全体的な運営に関わる内容について話し合うが，その中での個人の感情表出も大切にするという位置づけがなされている。さらに，このコミュニティ・ミーティングは，小グループセッションとは基本的には関係なく進められており，結果的に小グループでの関係性を促進するようなことが生じることはあるにしても，小グループでの関係性を促進するための全体会という位置づけはなされていない。

エ．課題関心別グループの位置づけ

　今回のエンカウンター・グループでは，第2日目，第3日目の午後，それぞれ3時間ずつに設定されている。これは，「参加者やスタッフの持ち寄った課題・テーマ・当面している問題，各自の関心を提供し合って学習を進める機会」であり，スケジュールに見られるように，多様なものが実施された。これらは，小グループとの関連は全くなく，まさにメンバーがそれぞれの課題や関心に応じて参加するもので，小グループの関係性促進といった観点は見られない。

　Tグループにこうしたプログラムが見られないのは，グループでの関係性促進と無関係な設定であることによるものと考えられるが，エンカウンター・グループはメンバーの個人としての成長に力点を置いていることから，こうしたプログラムの設定が可能になっているものと言えよう。

5．考察

　以上の結果について，先行研究で取り上げた野島の見解と併せて考察することとする。

　まず，相違点として挙げた第一のグループの目的について考える。

　野島は，エンカウンター・グループは成長にあり，Tグループは訓練にあるとしている。このTグループの訓練的色彩というのは，グループ内での体験を踏まえ，新しい行動を試みるという試行性，さらにふりかえりのあり方の相違に見られるように学習の一般化という点にあり，自己理解や他者理解といった自己成長的な面とグループプロセスの理解という人間関係技法的な面についての「成長」のために，「訓練」的な場を設定していると見ることができるだろう。その意味で言うと，エンカウンター・グループでは，成長という目的を持ちつつ，その方法論としては，グループ内での個人的な体験の場を持つということに大きな力点が置かれているものと言うことができるのではないだろうか。

　次にファシリテーターのリーダーシップの点である。確かに，プログラム構成についてのエンカウンター・グループのファシリテーターとメンバーのやりとりなどからは，全員がリーダーシップを持っているという形態を取っている。それとは対照的にTグループではプログラム構成などはあくまでファシリテーター側がメンバーに提示するという形でリーダーシップの所在を明確化していると言える。この意

味では，コーヘンとスミスの指摘は当てはまらず，野島の指摘に沿った結果となっている。

　ただし，エンカウンター・グループにおいても，今回のエンカウンター・グループでのコミュニティグループのあり方をめぐるやりとりなどからは，ファシリテーターとメンバーは同等であるというようにファシリテーターが考えていたとしても，ファシリテーター側の思いが強く表明されれば，その方向で決定してしまうという危険性が残る。そのため，ファシリテーターに対して異なる意見を表明できるメンバーは良いとしても，自分の思いを大グループの中ではなかなか表明することがためらわれるメンバーにとっては，ファシリテーターからの「対等な」立場での意見表明は逆に「威圧的に」受け止めてしまうのではないかという懸念が残る。特に，開始初期の安全の風土が意識化されない段階では，なおさらである。そのため，こうした場合は，一貫して分与的なリーダーシップと考えておくよりは，徐々にメンバーに分与的なリーダーシップが展開されると見ておいた方が良いのではないかと考える。

　このように，Tグループとエンカウンター・グループとの相違点を見ると，エンカウンター・グループでは，エンカウンター・グループという場の設定自体が枠組みであり，その中は自由で保護された空間であるが，Tグループでは，エンカウンター・グループに見られる場の設定の中にさらにもう一つ，他者との相互作用を体験するための枠組みというものを明確に意識しているというように考えられる。

　また，今回のエンカウンター・グループで同じグループのメンバーの中にTグループとエンカウンター・グループの両方を体験しているメンバーがいた。そのメンバーに両者の違いを尋ねたところ，「自分に課題があったり，ねらいがある時にはTグループ，気楽に受け入れられる経験をしたい，のんびりしたい時，ほっとしたい時にはエンカウンター」というコメントをもらった。この短いコメントに象徴されるが，Tグループとエンカウンター・グループ，どちらが優れているというような単純な比較は出来ないのは当然であるが，どちらのアプローチが有効であるかということは出来ない。

　とすれば，グループ・アプローチを行う時に，どのようなねらいを主催するものが持っているのかということに応じて，Tグループ的な要素に力点を置くのか，エンカウンター・グループ的な要素に力点を置くのかといった点も考慮しながら，グ

ループ・アプローチのデザイン設計を行うことが必要であろう。さらに，具体的なグループの場面でも，メンバーの状況に応じて，Tグループにおいてもエンカウンター・グループのあり方を取り入れることも有効であるし，逆にエンカウンター・グループにおいてもTグループのあり方を取り入れることが有効になることも考えながら，介入行動を考えていくことも有効である。

　以上のように，Tグループは，エンカウンター・グループと比較して，グループの関係のあり方に注目する面が強いことが言える。この前提に立ち，家庭教育支援の方法論として，Tグループとエンカウンター・グループいずれの立場に立つことがよいかを考えたい。第4章で明らかにしたように支援する家庭教育とは「両親もしくはその代行者と子どもとの関わりをはじめとする家族成員間の関わりの中で，そこに生起している現象の教育的な意味に気づき，対人関係的な成長を促すための教育的な働きかけ」である。そして，この前提に立った家庭教育支援とは，親に対して自らの対人感受性を高め，対話的な関係を形成していく力を促進していく活動であると考えた。とすれば，家庭教育支援は，家族というグループの関係のあり方に焦点を当てるものであり，グループの関係のあり方に注目するというTグループの基本的な考え方を取り入れることが有効であると考えるのである。

第3節　ラボラトリー・メソッドの方法論としての体験学習法

　前節では，家庭教育支援の理論的背景にTグループの基本的な考え方を取り入れることが有効であるとした。この見解をさらに明確にするために，本節では，Tグループから展開してきたラボラトリー・メソッドによる人間関係トレーニングとエンカウンター・グループから展開してきた構成的エンカウンター・グループとの間の相違点を明らかにしつつ，ラボラトリー・メソッドによる人間関係トレーニングについて体験学習法の特色を明らかにすることとした。

1. 体験学習法とは何か

　人間関係に関わる学習において大切なことは，理論的な理解だけではなく，自己及び他者の状況を観察しながら，適切に関与していく姿勢である。こうした姿勢は，体得するという言葉に言い表すことが出来る。体得とは，充分理解して自分のもの

にすること，体験によって身につけることを意味するが，これはまさに体験学習を通して得るものということが出来るだろう。しかし，ここでいう体験学習とは，学習者が体を使って，例えば農作業などの活動に参加するといったことを示し，その体験自体を学習とするというものではなく，体験をベースにして，それを一般化し，新たな行動を志向していくというものであり，ラボラトリーメソッドによる人間関係訓練の中から概念化されたものである。そのため，ここでいう体験学習を特に区別する意味で，体験学習法と言われることも多く，本論でもそれに従い，体験学習法と述べることとした。

2. 人間関係トレーニングと類似の技法との類似点及び相違点
－特に構成的グループ・エンカウンターをめぐって－

こうした実習中心のプログラムは様々な実践が見られるようになっているが，人間関係に関する実践の中に取り入れているものとして，ここでは國分康孝[26]が提起している「構成的グループ・エンカウンター」，坂野公信[27]が提起している「グループワーク・トレーニング」，伊東博[28]が提起している「ニュー・カウンセリング」を挙げてみたい。この三者について，吉澤克彦[29]はその異同を次のようにとらえている。まず，類似点として，①「集団体験による自己の成長」をねらいとしていること，②リーダー（ファシリテーター，トレーナー，アドバイザー，世話人などとよぶ場合もある）が課題を提示し，グループメンバーはそれを遂行し，その活動をふりかえる時間を持つこと，③いま，ここ（here & now）での感じ方や行動を重視していること，④ある種のカウンセリング理論を明らかにしていることだと述べている。そして，相違点としては，エンカウンターでは，こころとこころのふれあいといったホンネの交流に，グループワーク・トレーニングでは，情報を組み立てるといった能力の養成に，ニュー・カウンセリングでは，からだを通してこころを開くといった自己の覚醒に中心を据えているとして，そのねらいの力点の違いを明らかにしている。その上で，実践に際しては決定的な違いがない以上，異同の問題にそう神経質になることはないとしている。

この吉澤の指摘の通り，力点の置き方に違いがあるとはいうものの，大きなねらいや実施方法の類似性はこうした実践には共通のものであると言えよう。その意味では，体験学習法による人間関係トレーニングと構成的グループ・エンカウンター

などには共通点が多く，背景にある理論的基盤も相互に影響を与えあっているものであると考えてよいだろう。しかし，エンカウンター・グループでは，本質的に感情を経験することに力点が置かれており，感情そのものが究極的目的となっているため，そこで起こった感情を一般化したり概念化することにあまり力点が置かれていないのに対して，Tグループでは，感情を経験することと同時に，そこでの経験を一般化，概念化し，新しい行動を計画し，実際に行動に移すことに力点が置かれていことである。まさに体験を学習することに力点が置かれているのか，体験から学習することに力点が置かれているのかという違いなのである。

　この違いが，具体的な形で表れるのは，実習後の動きである。体験学習法における構造化された体験（実習）では，実習後に，メンバーが実習でどのようなことを体験したのか，その体験の中でどのようなことが起こったのか，どのような感情が起こったのか，どのようなグループの動きがあったのか，なぜそのようなことが起こったのか，そこで経験したことを今後にどう生かしていくのかといったことを自分自身で「ふりかえり」，さらにメンバー相互にそこでの体験やふりかえったことを「分かち合う」ことで，学びを深めていくというように，メンバー自身の内的プロセスと同時にグループ全体のプロセスにも着目している点が大きく違ってきている点である。さらに，実習後の小講義によって，そこでの経験を一般化，概念化し，新しい行動を計画し，実際に行動に移すことも特色であり，この点は他の実践と異なる点であるととらえることができよう。

3. 体験学習法の基本的概念

　体験学習という言葉は耳慣れた言葉である。しかし，「体験」と「学習」との間にどういう助詞が入るのかで大きく考え方が違ってくる。すなわち，体験「を」学習するという意味での体験学習と，体験「から」学習するという意味での体験学習が考えられるのである。

　学校の中で体験学習というと，学習者が体を使って，例えば農作業などの活動に参加するといったことを示し，その体験自体を学習とする立場で考えられがちだった。つまり，体験学習は教育内容として位置づけられているものだったのである。そこでは，まさに体験「を」学習するということでしかなく，体験をベースにして，それを一般化し，新たな行動を志向していくというダイナミズムが失われてとらえ

られている。

　ここでいう体験学習は，前章で述べたように，人間関係トレーニングの手法として具体化されてきたものであり，まさに体験「から」学習するという立場である。それでは，体験から何を学ぶというのであろうか。それは，これまで述べてきたように，体験から，自己，他者，対象，価値といった様々な次元と自分自身との関係を学習するのである。つまり，体験することから出発し，そこでの体験をふりかえり，分析することで，体験したことを抽象化，一般化することで，新たな自己の行動につなげていくというプロセス自体が体験学習であると言える。つまり，体験学習は，教育方法上のタームなのである。その意味も込めて，「体験学習法」としているのである。

(1) 体験学習法の循環過程

　さて，このように体験学習法を体験から学習するプロセスとする考え方は，先に述べたラボラトリートレーニングの中で起こってきたものである。

　マイルズ（Miles, M.B.）は，これまで述べてきたようなTグループにおける，学習者の主体性，現実性，試行性といった特徴を踏まえて，そこでの学習者の心理的感情的な状況やその変化の過程をモデル化したものとしてサイクル学習説（Theory of the Cycle of Learning Process）を提示した（図5-3）[30]。

　この学習過程は，（A1）矛盾やこれまでの認識が崩壊するような葛藤状況から始

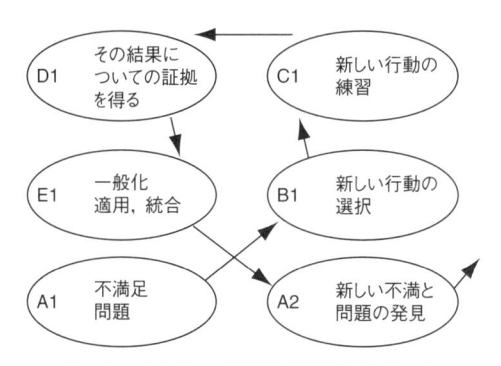

図5-3 マイルズによる学習過程の段階的サイクル

(Miles, M. B, *Learning to Work in Group:A Program for Educational Leaders*, Bureau of Publicationsi, Teachers College Columbia Univ., New York,1959 ,p.38　横山定雄『センシティビティ・トレーニング ─指導能力の開発─』同文館1965　p.197 から作成)

```
        具体的な体験
      concrete experience
       ↑         ↓
  仮説化する    体験の内省と観察
  hypothesize  reflections & observation
       ↑         ↓
       一般化する
    abstract concepts &
      generalizations
```

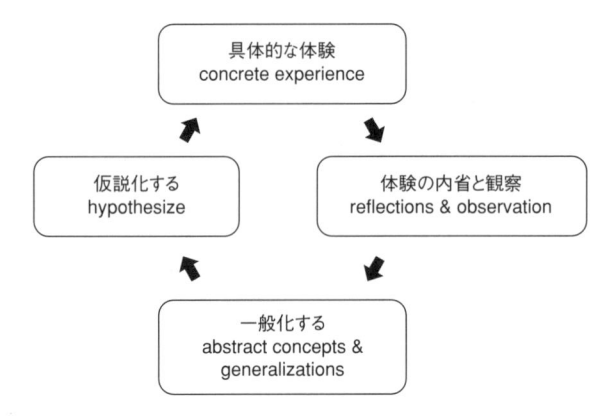

図 5-4　コーブらによる体験学習の４つのステップ
津村俊充・星野欣生『Creative Human Relations』Vol Ⅰ プレスタイム，1996 年，p.47 から作成）

まり，(B1→C1) それを解決していくために新しい行動（態度変化）を生み出し，(D1) その結果についての証拠を得ることから，(E1) 新たな行動が一般化していくというものである。さらに，その新たな行動も再び葛藤状況に至り，次の循環過程を経過し，さらなる新たな行動に展開していくというものであり，ラボラトリートレーニングの中での学習過程は，こうした循環過程が何回となく繰り返されていくというものである。

このようにラボラトリートレーニングの中から概念化された学習の循環過程の概念は，参加者自身の葛藤状況から出発するというまさに学習者主体の循環過程である。この循環過程の概念をベースに，コーブら（Kolb, D., Rubin, I. M., & McIntyre, J. M.）は，体験をベースにして，既存の固定化した行動を修正したり，新しい行動を体得していくプロセスとして体験学習法の循環過程を提唱するようになったのである（図 5-4）[31]。

①具体的な体験（concrete experience）

学習の最初の段階にある学習者自身の具体的体験は，以後の学習の基礎となるデータを生成させるためのものである。

②体験の内省と観察（reflections & observations）

これは，学習者自身が，具体的な体験において，そこで，どのようなことが起こったかをふりかえってみることや，学習者相互にフィードバックするといういわば

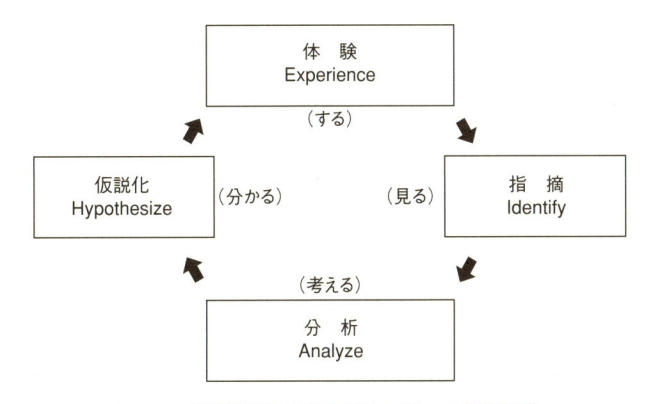

図 5-5 体験学習法の循環過程（EIHA の循環過程）
（星野欣生「体験から学ぶということ ―体験学習の循環過程―」；津村俊充・山口真人編
『人間関係トレーニング』ナカニシヤ出版，1992 年，p.6 から作成）

体験を分かち合うことで，体験した場面で何が起こったのか，どういうプロセスを
たどったのかということについてデータを収集する段階である。

③一般化（abstract concepts & generalizations）

②の段階で集められたデータに基づいて，学習者自身がどのような傾向があるの
かといったことを探ったり，なぜそのようなことが起こったのかといった分析を行
う段階である。

④仮説化（hypothesize）

③の段階での分析を活用して，別の場面で学習者自身が具体的に試みる新たな行
動を仮説化する段階である。この仮説化したことを具体化すると，①の具体的な体
験となり，新たな循環過程が起こるのである。

この循環過程は，この四つの段階をそれぞれ体験（Experience），指摘（Identify），
分析（Analyze），仮説化（Hypothesize）と表現して，頭文字をとって EIAH の循
環過程と呼ばれている（図 5-5）。

この循環過程は，次の四つの段階で構成されている。
①体験：学習者の具体的な体験
②指摘：体験の中で，学習者自身，他者あるいはグループの中で，見たこと，感
　　　じたこと，気づいたことなどのプロセスを指摘する段階。

③分析：指摘したようなことがなぜ起こったのか，プロセスの要因や背景を考える段階。
　④仮説化：分析したことから，学んだこと，分かったことを明らかにすることを通して，次の機会にはどうするのかという新しい行動のあり方を探る段階。そして，仮説化したことを具体的に試行するために新たな①の段階に進んでいくという循環過程をとる。

　この循環過程モデルは，人間関係トレーニングの場で起こる様々な現象をその後の行動変容がどのようにして結びつくのかということをモデル化したものであり，ある体験を出発点として，そこで体験した中で自分が，何を感じたのか，どのようなことを考えたのかといったことを「ふりかえる」作業を大切にしていることが特徴である。しかも，自分ひとりでふりかえるだけでなく，集団の場において様々な人が何を感じ，どのように考えたのかを，「分かち合う」ことを通して，自分と他者との相互関係を深めていくことを重視しているのである。このように自分自身の体験を出発点として，そこで起こったことに気づき，なぜそのような気づきがあったのかを考え，次の行動への足がかりを得て，新たな体験に結びつけていくという循環過程を持たせているものが体験学習であると言えよう。

　津村によると，コランツオノ（Colantuono, S. L.）は，体験学習法の四つのステップは学習のパターンを示しており，各ステップに対する学習者の興味・関心の程度が個人により異なることがあると述べているとのことである[32]。すなわち，具体的な体験をすることに興味を持つ人は，積極的にグループに参加し，フィードバックを求めたり，フィードバックを提供したりして自分自身に関する情報を共有化することに力を入れる。自分の体験を内省したり，他者の行動を観察したりすることに関心のある人は，学習のプロセスの中で自分を観察したり，ふりかえることに焦点が当たりやすく，他者の行動に対して物静かに注意を払う傾向がある。一般化をすることに興味がある人は，トレーニングに関する本を熱心に読んだり，トレーニングがどんな意味を持っているかを話し合ったりすることを楽しむ傾向がある。仮説化をすることに関心を持っている人は，トレーニングの状況が新しい行動を試みたり，自発的に動く場であると理解すると，その学習の場の中で積極的な実験を試みることを楽しむ。このように学習者の学習のパターンを把握する素材としてもこの循環過程の概念は有効である。こうした学習者のパターンを把握することによっ

て，自分の関心・興味のあるステップから次のステップにいかに移行していくかが学習者にとって大切な課題になり，また教育者にとってはそれに向けていかに支援出来るかが重要な役割になるのである。このように体験学習法の循環過程は学習者の学習パターンを見る視点としても有用である。

(2) コンテントとプロセス

体験から，自己，他者，対象，価値といった様々な次元と自分自身とがどう関係をしていくのかということを出発点にしている体験学習法では，グループの中で「いま，ここ」で何が起こっているのかということが学習の基本となる。この「何が起こっているのか」ということを見るための視点として，コンテント（content）とプロセス（process）という二つの側面がある。

コンテントとは，グループが当面している課題や仕事，あるいは話題といった内容的な面といったものを意味する。一方，プロセスとは，グループの中で起こっている関係的過程[33]を意味する。例えば，通常，グループで何が起こったかと尋ねられると，そこで行われた話題や決定事項といったコンテントについての返答がなされるであろう。しかし，こうした内容的な面とは別に，グループの中では，自分自身や他者との関係の中で様々な動き（意識的であるか否か，気づいているか否かを問わず）が生じている。こうした人と人との関係の中で絶え間なく，「いま，ここ」での場で刻々と変化しながら動いている感情や行動がプロセスなのである。このプロセスをいかに取り扱うかということは，グループの状況を判断したり，問題を分析したり，より効果的メンバーとして行動したりするために必要であると柳原は指摘している。

それでは，こうしたプロセスを理解していくためにはどうすれば良いのであろうか。津村らは，プロセスを理解するための観察可能なデータを収集するための視点として，①コミュニケーション（誰が誰に話したか？，話した回数，時間は？，誰が誰を支持したか？，お互いに聴き合っているか？，どのような感情表出がなされているか？　など），②意思決定（決めるのに要した時間は？，誰がどのように［1，2人の決定，多数決，合意］決めたか？　など），③雰囲気（不安，緊張感，凝集性，自由さなど）といった3点を挙げている[34]。こうした視点から観察し収集したデータをグループの構成員がどのように見ているのかをそれぞれに開示し合う（フ

ィードバック）ことからグループプロセスの理解が始まるのである。それは，まさにデータとして，いったん評価を除外した中で具体的な形で自分や他者の動きを開示し合うのである。つまり，単に良かったか悪かったかを述べるのではなく，具体的に相手のどのような動きが自分にはどう感じられたのかといったことを述べるのである。さらに評価を除外するということは，フィードバックを受けた相手が，そのフィードバックをどのように行動変容につなげていくかはフィードバックを受けた相手自身のものであり，相手への行動変容を強制するものではないということにもつながる。

(3) ふりかえり

体験学習法における「ふりかえり」は "processing" の訳語である。これは体験の過程の中で起こったプロセスを丁寧にたどっていくことで，様々なことを発見したり，気づいたりしようとするものである。体験学習法の循環過程の中で位置づけると，②指摘，③分析，④仮説化の部分にあたるものである[35]。

ここで注意したいのは，「反省する」ことではないということである。通常ふりかえりというと "reflection" の訳として反省となりがちである。しかし，この体験学習法の中ではプロセスをたどるという意味から "processing" の訳としてふりかえりをとらえるのである。

さらに，そうした個人でプロセスをたどった後に，同じ体験をしたものが，どう感じ取っていたのか，どう見ていたのかということを「分かち合う」ことで，個人の認知フィルター自体を点検し，評価を排除する中で他者からのフィードバックを受け入れやすくなるのである。この点からもふりかえりを単に反省と同一語としてとらえるのではなく，プロセスをたどるという意味でとらえるべきである。

こうした「ふりかえり」がどのように行われるのかによって，学習の深まりが大きく違ってくるとも言えよう。体験学習法の実習においては，「ふりかえり用紙」と呼ばれるシートを活用することが多い。この「ふりかえり用紙」はプロセスシートとも呼ばれており，実習の中で起こった様々なプロセスへの気づきを明らかにする道具として位置づけられるものである。「ふりかえり用紙」をどのような内容に設定するかは，参加者の状況や学習のねらいによって様々なものが考えられる。この「ふりかえり用紙」を用いて，実習を体験した後に個人で自分の体験したことを

明らかにするための時間をとる。この作業が終わると、ともに実習したメンバーと、体験を「分かち合い（sharing）」、他のメンバーと話し合うことで、一人一人が気づかなかった点（個人やグループの動きに関して）が明らかになっていくのである。

　これまでの教育学の分野では、「ふりかえり」を"processing"としてとらえる視点は乏しい。例えば、梶田叡一は自己評価の生かし方として、「ふりかえり」をとらえている[36]。体験をその後の自己の育ちにつなげていくという観点から言うと、"reflection"としてのふりかえりも意味があるだろう。しかし、他者との関わりの中で自己を関係づけるという点から言うと、一度評価を排除して、そこでの自己や他者の動きを客観的（といっても個人のフィルターを通してのものだが）なデータとして見ることを通して、自己や他者のあり方を考えていくことが大切である。梶田の言うふりかえりは、自己評価と直結しているだけに、プロセスをたどるという色彩は乏しい。

　また、安彦忠彦と愛知県新城市立東郷東小学校は『「振り返り」のある授業』の中で、授業の過程に「ふりかえり」を位置づけることにより、子どもが学習内容をどれだけ理解したのか、疑問に思うことや次にどんなことを取り組みたいのかなど、子どもの考えや興味・関心といったことを知ることが出来た[37]としている。安彦らは「ふりかえり」については、道徳教育などでいう「価値意識」や「価値観」への問い直しを求めることよりも、子ども自身の学習活動の連続性を保たせる手段として「ふりかえり」を活用しているというように、"reflection"として「ふりかえり」ではなく、学習の循環過程をベースに置いた形での"processing"としての「ふりかえり」を意図したとらえ方をしているものと言えよう。しかし、その内容を見ると、学級の実体によっての差はあるとしながらも、「①授業で分かったこと、分からなかったことを書く。②授業に対する自分の反省や願いを書く。③授業での友達の考えに対する自分の考えを書く。④授業で新たに深めた自分の考えや次時への考えを書く[38]」といったものであり、本の中で紹介されている子どものふりかえり用紙を見ると、教師側からの刺激語も例えば「かぶとむし」という教材を用いての学習の際のものでは、「かぶとむしはどんなふうにとぶのかな？」といったものや「べんきょうしたおもいで」といったものであり、子どもの記載を見ても、前節で述べたようなコンテントとプロセスという次元で見ると、いずれもコンテントレベ

ルでの「ふりかえり」を行ったものが多くなっている。別に紹介されているものの中には授業での友達に対する考えといったものが書かれている実践もあるが，明確な形で，例えば「いまの時間の自分自身の気持ちはどうでしたか？」といったものや「いまの時間にクラスの友達のことで気づいたこと，かんじたこと」というように，教師側からプロセスについてのふりかえりを促しているものはない。体験学習法でいうふりかえりとは，対人関係の過程をたどっていくというものである。安彦らが言うふりかえりは，意図しているところは"processing"であるかもしれないが，対人関係プロセスへの視点はない。この意味でここで言うふりかえりとは性格を異にするものである。

　さらに，安彦らの紹介するふりかえりは教師側が朱書するという形でフィードバックを行うものであり，学習者相互に，ここのふりかえりを共有化していく作業は重視されていない。ここでは学校での教授場面に焦点を当てて，ふりかえりのとらえ方を明らかにしてきた。このように体験学習法の循環過程を踏まえ，学習者主体の学習を考えるためには，体験のデータは共有しているメンバー相互のふりかえりを「分かち合う」という作業を通じて，互いに多様な他者のあり方を実感するとともに自己理解を深める機会を設定していくことが求められるだろう。

(4) 体験学習法による学び

　「体験」から「学習（する）」という意味での体験学習法で，さらに重視しているのは，学習の場で得た体験を主体的に整理し，自分自身の中に定着させていくことである。つまり，経験を概念化することを排除していないということである。

　星野と津村は，『Creative Human Relations』の中で多くの体験学習法をベースにした実習を取り上げているが，多種多様な実習を六つのねらいに分類して紹介している点が特徴である。この六つのねらいとは，コミュニケーション，チームワーク（グループプロセス），リーダーシップ，組織活動と意思決定，個人の気づき，価値の明確化というものであり，いずれも自分自身や他者のこと，自分と他者との関わり方，集団の持つ性質などについての気づき（awareness）をベースにおいて，対人関係を促進していくことをねらいとしたものと言えよう。その意味において，人間関係トレーニングとして体験学習法を活用していくのが最もふさわしい領域がこの六つの領域であると言える。

例えば，コミュニケーションの領域では，「一方通行・双方通行のコミュニケーション」という実習を取り上げると，学習者の中から出てもらった伝達者からある図形（いくつかの四角形を組み合わせたもの）を，言葉で他のメンバーに説明し，同じものを描いてもらうが，伝達者への質問は一切禁止した状態にしておく。そこで，メンバーは推定正確度を自己推定しておくようにした上で，今度は別の図形を描いてもらうが，その際には自由に質疑応答できる状態としておく。そして，その推定正確度を自己推定しておく。そこで，実際の図形との一致度を調べて，一方通行のコミュニケーションと双方通行のコミュニケーションの違いについて実体験をベースにして理解していくことを促すというものである。また，伝達者となったメンバーとしても，自分の伝え方のスタイルが明らかになるというものでもある。ほとんどの場合，双方通行のコミュニケーションの方が正解に至る場合が多いが，結果だけを見ると，当然だと言えよう。しかし，メンバー自身が聴き手になったり，効果的な質問を考えることによって，当然だと言える結論を結論として受け止めるだけではなく，まさに体験として受け止めていくのである。その場合，他のメンバーとの比較をしていくことで，自分の聴き方のスタイルが明らかになったりすることで，対話的なコミュニケーションのあり方を学んでいくのである。

結論としては対話的なコミュニケーションが効果的であるといった，いわば体験する前から明らかになっているような結論に至る場合でも，それを学習者自らが実体験の中でどの程度理解していることを行動することができているかということを明らかにしていくプロセスが体験学習法の実習には含まれている。

さらに，体験学習法においては，実体験と理論とを統合する具体的な場として，小講義（Lecturette）と呼ばれるものを設定するのである。この小講義を通して，自らの体験の意味や自らの体験の背景にある概念を得ることで，体験からの学習を一般化したり，概念の枠組みを与えられることでグループプロセスを促進する機能があるものと位置づけられている。この点をとらえて，津村らは，「体験学習の流れの中には，アメリカでも日本でも，反理論的，反知識，反教訓的な空気がある」という傾向が言われていると指摘した上で，体験学習法は，認知的な学習に対するアンチテーゼとして誕生したものだが，体験学習法の目指すところは，あくまで体験と知識との統合的な学びの場となることだ[39]と述べている。しかし，この小講義をどういうタイミングで，どの程度行うのかということは重要な問題である。す

なわち，小講義が多くなりすぎると，学習者に対して，自らの主体性をもって学習するという構えを低減させ，依存的な構えを強めさせたり，自らの体験や自らの気づきを学習につなげていくという姿勢を弱めるものとなるからである。こうしたことから，この小講義は，長時間にわたったり，一方的に認知的な概念を講義するといったものではなく，学習者が直前に経験したことを素材とし，具体的な体験を理論と結びつけていきながら進行されるものである。あくまで学習者自身の学習をサポートするという位置づけを念頭に置いたものである。そのため，どういう小講義が必要かということは，事前に完全な形で予定出来ないものと考えて良いだろう。

　この小講義は，必ずしも小グループで行われるのではない。複数のTグループが実施されている場合などは，全体で行われることも多い。そのため，学校教育の中のいわゆる一斉授業と形態としては同じようなことになっていることも多い。しかし，この全体での小講義は，小グループでの個々人の体験としての学習を前提としているものであるという点が特徴である。

4．体験学習法の特質
（1）体験学習法における学習の場の考え方
ア．「日常」対「非日常」
　体験と一口にいっても様々な内容，場面での体験が考えられるが，いわば，人間が生活していくあらゆる場面や状況はすべて体験である。そうした様々な体験を循環過程にいわば乗せていくためには，どのような観点が必要なのであろうか。ここでは，体験を日常か非日常かという視点と，その後の循環過程とのつながりから考察していくこととした。

　先に，体験はあらゆる場面で起こるものであるとしたが，家庭や職場，学校といった学習者が帰属している集団のごく日常的な場面での体験（特に対人関係的体験）は，通常学習ということが意識化されにくく，体験学習法の循環過程との結びつきは弱いものである。しかし，例えば企業内教育の一つとしてのO.J.T（On the Job Training）では，職場での仕事を通じて，上司が部下に対して，あるいは同僚同士の関係の中で，仕事のあり方や自分と仕事との関係といったものをトレーニングするという考え方を，こうした日常場面に取り入れることで，日常生活の場面自体を積極的に学習の場として位置づけることは可能である。そこでの体験は，現実的で

あり自然な形で行われるものだけに，学習者が積極的に意図して，自らの体験を素材として学習する姿勢が強まると，日常の幅広い場面で自己理解や他者との関わり方を深く学んでいくということが起こる可能性を秘めているのである。ただし，その反面，日常的すぎることから，その後の体験のふりかえりがなされにくい上に，学習者の関心が当面する課題（仕事）中心となり，それをこなすことだけで精一杯となりがちであり，人間関係的な面での学習という意味合いが薄まってしまう危険性も高い場面である。こうした危険性を防ぐには，学習者自身あるいは学習集団全体がそこでの対人関係プロセスに対して開放された状況を形成していく必要があるだろう。

次に，非日常的な場面での体験の場合である。これは，日常生活から離れた場面において行われる様々な活動を示す。そこでの体験は新鮮な体験として学習者に受け止められることが多い。身近な例では，旅行などもこうした非日常的な場面での体験と言えるだろうし，教育の中で実習と言われるような活動，さらには，先のO.J.Tの反対語である Off-J.T.（Off the Job Training）と言われる社外での集合教育（いわゆる研修）などもこの中に含まれるだろう。こうした非日常性は，先に「文化的孤島（Cultural Island）」という概念を説明したように，日常生活から心理的に離れた場面では，固定化した立場や役割，あるいは思考や行動様式といった統制から心理的にも社会的にも解放され，本来の自分自身の欲求や価値観に基づいて行動することを可能にする基礎的な要素であり，自らの体験を分析し，一般化し，その後の行動変革を志向しやすい状況となっている。しかし，そこでの体験のいわば新鮮さ故に，その体験をしたという事実が過大に評価され，そこでの自分自身のあり方，他者と関わる姿勢といったことへのふりかえりが深まらず，体験「を」学習したというレベルに止まってしまう危険性がある。さらに，その非日常性故に，日常生活とのギャップが常に存在し，そこでの体験から得た変化への志向性は，日常生活に戻ると低下してしまう危険性も高い。

こうした点を防ぐためにも，体験「から」学習するという循環過程を念頭に置くことは重要である。すなわち，体験の場は現実的ではない所であったとしても，そこで起こったこと（学習者の体験）自体は現実のものであるという視点に立って，自分自身のそこでの動きをふりかえり，一般化していくということが必要なのである。

つまり，体験を一般化し，次の場面にどう適用していくのかを考えるためには，その体験の中で起こっていること自体を学習の素材として，分析していくことなくしては，体験からの学習は得られないという考え方は体験学習法の本質を示している。

イ．「構造化」対「非構造化」

次に体験を分ける視点は，構造化という点である。

構造化されていない体験というのは，先に述べたTグループのように，あらかじめ特定の話題や課題が設定されないで，グループメンバーの相互作用そのものを，まさに「いま，ここ」で起こっていることを素材として，メンバー自身の他者との関わり方やメンバー相互の影響関係などを体験していくというものである。

これに対して，トレーナー（あるいはファシリテーターとも言われる）が，意図的にメンバーの学びを促進することを意図して，計画的に課題を設定することによってメンバーに学びを深める体験（一般に実習と呼ばれる）を用意するものがある。これは，構造化された体験という。

構造化という観点に立って，家庭教育の中で，グループアプローチを導入することを考えると，構造化されていない集中的なグループ体験については，宿泊を伴うなど時間的にゆとりを持った構成とする必要があるために，現実的にはかなり難しいと思われる。ただし，子育てサークルのように参加した親同士が自由に話し合う場を設定することも多く，その話し合いの場自体は構造化されていない人間関係の学習の場と言えよう。そのため，支援者としてはその話し合いの内容（すなわちコンテント）だけに着目するのではなく，参加したメンバーが互いにどのように関わり合っているかといった関係性（すなわちプロセス）に関わる存在であることが求められる。

これに対して，構造化された体験（実習）は，主にTグループにおける全体会（GeneralのGをとって，Gセッションとよぶことが多い）において用いられてきたグループメンバー相互の関係性を促進するために実施されてきたプログラムから展開してきたものである。そして，この構造化された実習だけを抽出してプログラム構成されるようになり，企業における人間関係訓練や対人援助者に対する教育プログラムとして展開してきている。しかし，家庭教育支援の場では，第6章で詳しく述べるが，知識伝授型の教育が先行しており，こうした学習者の実体験を基盤と

した人間関係についての学習の機会は少ないのが実情である。その意味からも，こうしたラボラトリー・メソッドによる体験学習の機会の必要性は高くなってきている。

(2) ラボラトリー・メソッドの目指すもの

　ここまで述べてきたようにラボラトリー・メソッドによる体験学習法は，その循環過程，プロセス中心の考え方などの点で特徴的であるが，ここでは，その特徴が目指しているものについて検討していきたい。

ア．主体性の促進

　まず，第一に取り上げたのは，ラボラトリー・メソッドによる体験学習法が，文字通り学習者自身の体験がベースとなる学習であることである。学習者自身の体験をベースにした学習は，学習者が自分の手で作り上げていく学習であるだけに，学習者の能動性が強く求められるし，逆にこうした体験学習法を経て，その能動性を作り出していく効果も大きいのである。佐伯は，学び（学習）を広い意味での自分探し（アイデンティティ形成過程）であるとして，「学ぶ」ということは，常に「私が知る」という，この「私」のレベルでの営みだという[40]。その意味において，体験学習法の学習者自身の主体的な学習としての特徴は，まさに「学ぶ」営みだと言えよう。

　さらに，そこでの教育する者の役割においても体験学習法は重要な示唆を与えている。すなわち，学習者の日常生活での体験をさせるだけではなく，体験からの学習を促進するための枠組みを設定したり，そこで学習者が得た体験を明確化し，学習を促進していく役割を担うという点である。これは参加者の主体性を大切にする教育と，教育する側のねらいが対立しないことを示している。ただし，一歩間違えると，参加者の主体性を大切にしているように見せかけてはいるが，実際は参加者を巧妙に操作し，教育する側のねらいに陥れることにもなりかねない。これは，体験集団を装った形でいわゆるねずみ講方式で若者を誘い込む自己啓発セミナーが社会問題となっていたことにも示されている。ここまでの悪意はないにしても，ねらいを強く意識するあまり，ねらいに参加者を無理に当てはめてしまうことになりかねない。それでは，参加者の主体性を大切にすることと教師側のねらいとはどう関連づけていけば良いのであろうか。こうした体験から学ぶという学習方法は，参加

者の気づきをベースにした学習であるから，事前に学ばれるべき正確なものは確定できない。しかし，だからといって，全くねらいを持たないままでは参加者の体験は体験でしかなくなる。ねらいを持つということは，参加者の体験をどうとらえ，どのような形で体験学習法の循環過程にのせていくのか，どのような点に介入していくのかという視点を与えるものであると位置づけていくことが必要だろう。

イ．関係する力を育む

　体験学習法では，体験を通じて，自分自身や他者のこと，自分と他者との関わり方，集団の持つ性質などについての気づき（awareness）を大切にする。そうした気づきの素材は，自分，他人，他人との相互関係の中で「いま，ここ」で起こっていることである。これは，体験の外から入り込んできた「あの時，あそこ」で（there & then）の事柄を学ぶという伝統的な学習との大きな違いである。この「いま，ここ」で起こったことを学習の素材とすることで，現実に存在する自分や他者との出会いを可能にするのである。

　この自分と他者との関わり合いというと，協調していくという肯定的な面がまず第一に頭に浮かぶだろう。当然ながら，関係する力を育むということは，他者との相互援助関係を促進することにつながる。しかし，「いま，ここ」での関わり合いの中では様々なことが起こる。自分と他者との食い違いといった葛藤状態も当然起こりうるが，こうした葛藤状態を否定したり，禁止したり，取引や権利行使，妥協といった安易な解決方法を取るのではなく，その葛藤をどう解決していくのか，そのプロセスを大切にしていくことも体験学習法を取り入れた実習では大切にされている。

　以下に記載するのは，体験学習法による実習のうち，ある問題を個人で答えを出した上で，グループとしての答えをコンセンサスによる意思決定により解決するという実習において，集団決定する際に配布する資料の例である[41]。「コンセンサスによる手段決定をする際の留意点」と題されたこの文章は，葛藤をどう取り扱うのかという考え方が示されているので，紹介することとした。

　「いまの時点での決定は，あなたの個人決定です。これはあなた自身のものであり，納得できない限り変えないでください。これから，コンセンサス（全員の合意）による集団決定をしますが，一つ一つについてグループの各メンバーが合意して，

はじめてグループの決定となるわけです。コンセンサスはもちろん容易ではありません。従って，すべての決定が各人の完全な合意を得ることは出来ないかもしれませんが，少なくともある程度の合意を示しうる決定を作り上げるように努力してください。以下に，コンセンサスを得るための若干の留意点を記します。

① 充分，納得できるまで話し合ってください。自分の意見を変える場合は，自分にも他のメンバーにもその理由が明らかであることが必要です。
② 自分の判断に固執し，他に勝つための論争（あげつらい）は避けてください。
③ 決定するのに，多数決とか，平均値を出してみるとか，または取り引きをするといったような「葛藤をなくす方法」は避けてください。また，結論を急ぐあまり，あるいは葛藤を避けるために安易な妥協はしないでください。
④ 少数意見は，集団決定の妨げとみなすより，考え方の幅を広げてくれるものとして尊重することが大切です。
⑤ 論理的に考えることは大切ですが，それぞれのメンバーの感情やグループの動きにも，充分配慮してください。」

この文章にも示されているように，つまり，葛藤を否定したり禁止したりするのではなく，葛藤を葛藤として認識し，それに直面していく。その解決過程で自分がどう感じるのか，他者の主張を十分に聴くことで，他者の意見や感情を理解したり，グループとしての動きを理解していくのである。こうした方法は時間も労力もかかるが，こうした開放的なコミュニケーションを通じて，相互の理解が深まっていき，お互いの違いを認め合った上で，共同歩調を取っていくことを体験していくのである。ここでも，コンテントよりもプロセスを大切にするという体験学習法の特徴が生きている。

ウ．学び方を学ぶ（Learning How to Learn）

自ら体験したことを素材に学習を進めていくという体験学習法の循環過程は，学習者自身の体験を一般化し，新たな行動変容へのプロセスを具体化したものである。その中では，学習していく対象，内容よりも，課題をどう解決していったかといった体験のプロセスをふりかえっていくことを通じて，学習の方法を学ぶのである。これは，前述したコンセンサス実習でも分かるように，解決の内容よりも，解決に至ったプロセスを重視している点でも分かるだろう。変化が著しい現代社会におい

ては，学習の内容は常に変化を求められている。したがって，学習の時点ではいかに最新の内容であっても，すぐさま陳腐化してしまっており，学習が役に立たないものと受け止められ，学習への意欲を阻害するという悪循環を断ち切る意味での，学び方を学ぶという体験学習法の考え方は有効である。

また，学習者の体験をベースに自分自身の気づきを学習の素材としていく学習方法は，学習者の内的な発見を大切にしていくものであり，学習への意欲も高まり，探求の精神を育む教育とも言える。科学技術といったものも，それを既にあるものとして，自分自身と切り離した形で，例えば覚え込むといったことでは，その時点での理解は深まるだろうが（それも疑問であるが），そこからの発展した発想，発見は生まれにくい。学習者の内的な発見（気づき）を促進することは，探求への主体性を促進することでもある。

さらに，体験学習法のステップを意識化することは，日常の幅広い場面で自己理解や他者との関わり方を深く学んでいくという可能性につながっており，生涯にわたる成長，学習の鍵となるという意味で，体験学習法の循環過程を意図する教育は重要である。

5. 家庭教育支援に体験学習法を活用する意義

体験学習というと，学習者が体を使って，例えば農作業などの活動に参加するといったことを示し，その体験自体を学習とする立場で考えられがちだった。つまり，体験学習は内容として位置づけられているものだったのである。そこでは，まさに「体験を学習する」ということでしかなく，体験をベースにして，それを一般化し，新たな行動を志向していくというダイナミズムが失われてとらえられている。

最近，子どもの実体験の乏しさが様々な場面で問題として取り上げられている。1996（平成8）年に出された第15期中央教育審議会答申「21世紀を展望した我が国の教育の在り方について」でも，今後の教育のあり方を検討する前提となる子どもの生活の現状について，テレビやマスメディアとの接触にかなりの時間を取り，疑似体験や間接体験が多くなる一方で，生活体験・自然体験といった直接体験が著しく不足していると指摘した上で，こうした生活体験や社会体験の不足から，人間関係を作る力が弱いなどの社会性の不足が危惧されるとしている。こうした子どもの状況は日々の実務の中でも共感性の乏しさといった形で表れてきていることが散

第3節　ラボラトリー・メソッドの方法論としての体験学習法

見されている。

　そうした前提に立ち，中教審答申でも，「具体的な体験や事物とのかかわりをよりどころとして，感動したり，驚いたりしながら，『なぜ，どうして』と考えを深める中で，実際の生活や社会，自然の在り方を学んでいき，そこで得た知識や考え方を基に，実生活の様々な課題に取り組むことを通じて，自らを高め，よりよい生活を創り出していくことができるとして，体験は，子供たちの成長の糧であり，『生きる力』をはぐくむ基盤となっている」と述べ，体験をベースにした教育のあり方が重視されている。

　こうした実体験を基盤とした学習方法として，体験学習は位置づけられることが多い。しかし，前述したようにここで述べている体験学習とは，単に体験するだけではなく，そこからの個人の気づきをその後の行動変容に結びつけるための概念として位置づけていくことが必要なのである。

　すなわち，ここで言う体験学習は，先に述べたようにラボラトリー・トレーニングの理論として具体化されてきたものであり，まさに「体験から学習する」という立場である。それでは，体験から何を学ぶというのであろうか。それは，これまで述べてきたように，体験から，自己，他者，対象，価値といった様々な次元と自分自身との関係をしていくことを学習するのである。つまり，体験することから出発し，そこでの体験をふりかえり，分析することで，体験したことを抽象化，一般化することで，新たな自己の行動につなげていくというプロセス自体が体験学習であると言える。その意味においては，通常言われているような実体験自体を学習とする立場の体験学習と区別してとらえていくことが必要であり，ここで言う学習のプロセスもラボラトリー・メソッドによる体験学習としてとらえることが必要なのである。

　家庭教育支援という場で体験学習を循環過程を持ったものとしてとらえていくということは次のようなことを意味する。つまり，親が子どもに働きかけるという体験に対して，親自身がその働きかけのあり方をふりかえることや子どもがどのように反応したか，受け止めたかを指摘し，なぜ親自身がそのような働きかけをしたのか，そのような子どもの反応が生じたのかということを分析し，今後の子どもに対する働きかけのあり方を仮説化し，試行していくというように，親自らの行動の意味に気づくことが出発点となるのである。そのためには，親自身が自分の心の動き

を言語化する，すなわち自己覚知することや子どもからの意図的あるいは無意図的なフィードバックを受け止めることが大切になってくるのである。

このためには，家族という人間関係の中に生きながら，自らあるいは他の家族メンバーの状況も観察していくということが重要になってくる。すなわち，心理療法の中で面接者−被面接者関係の鍵概念としてサリヴァン（Sullivan, H.S.）が述べた「関与しながらの観察（participant observation）」[42]ということが家庭教育においても大切な概念となってくるのである。この「関与しながらの観察」とは，関与すること（participation）と観察すること（observation）が互いに不可分に関連しながら行われることを意味しており，関与することなくしては，十分な観察は出来ないことに加えて，観察することによって，より深い関与が可能になってくるということを述べたものである。この「関与しながらの観察」というものは，言葉では理解しやすいことであるが，実際に行うことは非常に難しい。そのため，神田橋條治は精神科医が面接を上達させるには，関与と観察とを実地にどう案分するか，その具体的方法は何かを考えることがそのヒントであると述べている[43]が，家庭教育の中で関与と観察のあり方を考える上でも同じことが言えるだろう。

例えば，親が子どもとの関わりの中で，客観的に子どもを観察している自分と子どもに関わっている自分とがどのような割合になっているのかといったことを一人一人が気づいていくということから出発するのである。

このような点においても，家庭教育のあり方には，理論として理解しているだけでは不十分であり，現実の家族関係の中で，具体的な自分や家族の状況に気づくことから始まる体験学習の考え方を取り入れた形で個から出発していくアプローチを取ることが重要なのである。ただし，いかに実践する力が大切であるといっても，これは理論を放棄したものではない。理論と実践との相互関係性を視野に置きながら，実践に力点を置くということが体験学習の考え方においても大切にされているように，家庭教育における力点を理論から展開していくものから，体験から展開していくものへとシフトしていくことが必要である。

●注釈
1) 柳原　光「ラボラトリー方式による人間関係訓練」教育と医学の会編『教育と医学』第12巻2号
　　1964年　p.105
2) 柳原　光「ラボラトリー方式による人間関係訓練」教育と医学の会編『教育と医学』第12巻2号

1964年　p.106
3) 津村俊充, 星野欣生『Creative Human Relations』Vol I　プレスタイム　1996年
4) 水島恵一『教育と福祉』(人間性心理学大系　第4巻) 大日本図書　1987年　p.7
5) 河合隼雄『臨床教育学入門』岩波書店　1995年　p.15
6) 柳原　光「人間関係の四つの次元」津村俊充, 星野欣生『Creative Human Rela-tions』Vol I プレスタイム　1996年　pp.27～30
7) 佐伯　胖「文化的実践への参加としての学習」佐伯　胖, 藤田英典, 佐藤　学編『学びへの誘い』[シリーズ「学びと文化」1] 東京大学出版会　1995年　pp.8
8) 佐藤　学「学びの対話的実践へ」佐伯　胖, 藤田英典, 佐藤　学編『学びへの誘い』東京大学出版会, 1995年, p.70
9) 佐伯　胖「文化的実践への参加としての学習」佐伯胖・藤田英典・佐藤学編『学びへの誘い』[シリーズ「学びと文化」1] 東京大学出版会　1995年　p.4
10) 佐藤　学「学びの対話的実践へ」佐伯胖, 藤田英典, 佐藤学編『学びへの誘い』東京大学出版会, 1995年　p.70
11) 佐藤　学『教育方法学』岩波書店　1996年　p.74
12) 柳原　光「話し合いの深みの段階」津村俊充, 星野欣生『Creative Human Rela-tions』Vol II プレスタイム　1996年　pp.271～272
13) Rogers, C. R., *Carl Rogers on Encounter Group*, Harper & Row, 1970　畠瀬　稔, 畠瀬直子訳『エンカウンター・グループ』創元社　1982年　p.3
14) Rogers, C. R., *Carl Rogers on Encounter Group*, Harper & Row, 1970　畠瀬　稔, 畠瀬直子訳『エンカウンター・グループ』創元社　1982年　p.5
15) Bradford, L. P., J. R. Gibb & K. D. Benne (Eds.), *T-Group theory and Laboratory Method*, John Wiley & Sons, 1964. (三隅二不二監訳『感受性訓練』日本生産性本部　1971年　pp.111～121)
16) Rogers, C. R., *Carl Rogers on Encounter Group*, Harper & Row, 1970　畠瀬　稔, 畠瀬直子訳『エンカウンター・グループ』創元社　1982年　p.6
17) Rogers, C. R., *Carl Rogers on Encounter Group*, Harper & Row, 1970　畠瀬　稔, 畠瀬直子訳『エンカウンター・グループ』創元社　1982年　p.7
18) 立教大学キリスト教教育研究所「JICEの歴史」URL:http://www.rikkyo.ne.jp/grp/jice/sub2.htm
19) 2000 (平成12) 年からは南山大学人文学部心理人間学科移行している。
20) 横山定雄『センシティビティ・トレーニング』同文館　1965年　p.119
21) 横山定雄『センシティビティ・トレーニング』同文館　1965年　pp.183～184
22) Conye, R.K., *The Group Worker's Handbook -Varieties of Group Experience*, Charles C Thomas Publisher, 1985. (馬場禮子監訳『ハンドブック　グループワーク』岩崎学術出版社　1989年)
23) Rogers, C.R., *Carl Rogers on Encounter Group*, Harper & Row, 1970　畠瀬　稔, 畠瀬直子訳『エンカウンター・グループ』創元社　1982年　p.3
24) Cohen, A. M. & R. D. Smith, *La Jolla, Calif.*, University Associates, Inc., 1976　(津村俊充, 星野欣生『Creatibe Human Relations Vol I』プレスタイム　1996年　pp.279～280)
25) 本研究では, エンカウンター・グループにおけるものと呼称上統一しておく方がわかりやすいという判断からファシリテーターという言葉を用いているが, 実際の面ではトレーナーと呼称していた。この点においては野島の指摘の通りである。
26) 國分康孝編『構成的グループ・エンカウンター』誠信書房　1992年
27) 坂野公信ほか『新グループワーク・トレーニング』遊戯社　1995年
28) 伊東　博『ニュー・カウンセリング』誠信書房　1983年
29) 吉澤克彦「GWT, NCとの異同」(大関健道, 藤川　章, 吉澤克彦, 國分久子編『エンカウンター

で学級が変わる　Part3　中学校編』図書文化　1999 年　p.16)
30) 横山定雄『センシティビティ・トレーニング』同文館　1965 年　p.197
31) Kolb, D., I. M. Rubin, & J. M. McIntyre, *Organizational psychology: A book of readings*. Englewood Cliffs, NJ: Prentice-Hall 1971.
32) 津村俊充　「社会的スキルの訓練」（菊池章夫、堀毛一也編『社会的スキルの心理学』川島書店　1994 年　pp.220～241)
33) 柳原　光　『Creative O.D ―人間のための組織開発シリーズ―』Vol I　行動科学実践研究会　1976 年　p.365
34) 津村俊充, 星野欣生『Creative Human Relations』Vol II　プレスタイム　1996 年　pp.250～251
35) 津村俊充, 星野欣生『Creative Human Relations』Vol I　プレスタイム　1996 年　p.263
36) 梶田叡一　「振り返りはなぜ大切か」（人間教育研究協議会編『振り返り　―自己評価の生かし方―』金子書房　1994 年　pp.5～10)
37) 安彦忠彦・愛知県新城市立東郷東小学校編　『「ふりかえり」のある授業』明治図書　1997 年　p.135
38) 安彦忠彦・愛知県新城市立東郷東小学校編　『「ふりかえり」のある授業』明治図書　1997 年　p.14
39) 津村俊充, 星野欣生『Creative Human Relations』Vol I　プレスタイム　1996 年　p.45
40) 佐伯　胖『「学ぶ」ということの意味』岩波書店　1995 年　pp.10～12
41) 津村俊充, 星野欣生『Creative Human Relations』Vol V　プレスタイム　1996 年　p.302
42) Chapman, A.H., *The Treatment Techniques of Harry Stack Sullivan*, Brunner/Mazel, Inc, 1978　（作田勉監訳　『サリヴァン治療技法入門』星和書店　1979 年　pp.1～24)
43) 神田橋條治『追補　精神科診断面接のコツ』岩崎学術出版社　1995 年　pp.55～57

第6章

ラボラトリー・メソッドを活用した家庭教育支援実践

第1節 ラボラトリー・メソッドを用いたコミュニケーション・トレーニング

1. はじめに

　少年非行の凶悪化，ひきこもり，児童虐待などといった，子どもや家族に関係する問題行動が報道されると，その要因として家庭の教育力の低下が指摘されることが多い。家庭の教育力の低下のみがそうした問題行動の犯人であるとは言えないが，こうした報道と共に先行きが見えない子育てへの不安感は高まってきており，家庭教育の重要性は今までにもまして注目されるようになってきている。

　しかし，家庭教育と一口で言っても，その内容は幅広いものである。岡田忠男[1]は，家庭教育の内容として，①体力の向上と健康の増進，②基本的生活習慣の形成，③感情の育成，④言語発達の助成，⑤価値観の形成と実践意欲の育成，⑥働く意欲の助長，⑦金銭感覚の育成，⑧健全な性意識の育成の八つの課題を提示しているが，最近のいわゆる「キレる」子どもや児童虐待に至る親などの状況を見ると，子どものみならず家族成員それぞれに感情の育成，そして，感情をどう取り扱うのかということが大きな課題となっている。さらに，IT革命として情報技術の急速な発展に伴い，携帯電話，インターネットといった新しいコミュニケーション手段が広がるにつれ，「情報の交換」だけが濃密に行われ，「情緒の交流」が希薄化する状況が到来してきている。そうした中で，子どもの対人関係の希薄さ，情緒的な感情の拒否，身体感覚の乏しさなどが顕著になりつつあり，家庭教育においても，感情の育成を含めた感情の取り扱いは重要な課題となるものと考えている。

こうした感情の取り扱いに重点を置く視点に立つと，家庭教育をどうとらえるかという点についても，これまでの概念を拡張してとらえることが必要になってくる。家庭教育の用語概念としては，これまで日高ら[2]が用いてきた「両親もしくはその代行者が子どもに対して行う意図的な教育的な働きかけ」というものが比較的広く用いられてきていた。しかし，筆者は，第4章で明らかにしたように，その用語概念を「両親もしくはその代行者と子どもとの関わりをはじめとする家族成員間の関わりの中で，そこに生起している現象の教育的な意味に気づき，対人関係的な成長を促すための教育的な働きかけ」として定義づけている。これは，両親もしくはその代行者（以下，便宜上親と記載する）から子どもへという単一方向的なとらえ方から，互いに教え学ぶ存在であるという双方向的なとらえ方に広げた上で，意図的な働きかけのみならず，親子関係において「いま，ここ」で生起している現象に，親と子の双方が気づき，課題解決能力や対人関係能力を促進することを視野に入れたものである。

その意味で，感情の取り扱いというのは，単に子どもに感情の取り扱いの方法を伝えるといったものではなく，親自身も，子どもの感情のみに注目するのではなく，自分自身の感情の取り扱いに気づくことが必要であり，それを子どもにどう表現するかということが大きな課題となってくるものと考える。そうした前提に立つと，感情の取り扱いについて，対人関係訓練の技法などを取り入れた家庭教育の実践の必要性が高まってくる。そこで，この感情の取り扱いを学習するものの一つとして，人間関係訓練の技法から概念化された体験学習法を取り入れた形で家庭教育プログラムとして開発，実践していくプロセスを提示することとしたい。

前章までの理論的立場に立って，具体的実践として体験学習法による家庭教育プログラムの開発例を提示する。

ここで取り上げるものは，保育所，学童保育を利用している保護者（全体の7割），保育士，学童保育指導員55人を対象とした，継続した学習の機会は持たない，いわば単発物の学習の場において実施したものである。筆者は，その企画段階から関わる機会を得ていたことから，体験学習法によるプログラムとしての展開にも主催者側の理解を得やすい状況であった。

こうした状況下，この学習会で取り上げた内容としては，アサーションによる感情表現とし，方法としては，ロールプレイを主体としたものとした。

(1) 教育内容としてのアサーション

　アサーション（assertion）とは，主張，断言と訳されるものであるが，この日本語訳からは，一方的に自分の主張を相手に対して言い切るといったニュアンスで受け取られやすい。しかし，森川早苗[3]の指摘によると，アサーションというのは，自分も相手も大切にした自己表現としてアサーションをとらえるのである。さらに，これはウォルピ（Wolpe, J.）とラザラス（Lazarus, A.）が『行動療法の技法』の中で対人関係の様式を①自分のことしか考えず，他人を踏みにじる言動，②いつも自分のことは二の次で，他人を立てる言動，③二つの中間，自分のことをまず考えるが，同時に相手のことも考慮する言動の三つに分類し，その中の③の意味でアサーションが用いられているというこのによるものであるとしている。なお，平木典子[4]は，このウォルピとラザラスの分類について，①を攻撃的（aggressive），②を非主張的あるいはノン・アサーティブ（non-assertive），③のアサーティブ（assertive）な自己表現と対比的に取り扱っている。

　このアサーションの概念は，1950年代，アメリカで，言いたいことがうまく言えないといった対人関係上の課題を持った人のための行動療法の技法として用いられてきたが，その後，1960年代から1970年代にかけて，アメリカの公民権運動や性差別に対するウーマン・リブ運動の動きの中で，「攻撃的にならず，相手の人権を尊重しながら，しかも自分の思っていることを主張する」方法として，アサーションの考え方が重要視されるようになった。こうした流れを見ると，「これまで言動が圧迫されたり，差別されていた人々が，社会的な運動を展開していくことを通じて，自己表現する権利を人権としてとらえるようになり，単に相手を批判するだけでなく，自分たちの言動が具体的に，明確に社会に認められる言動をしていくことが求められるようになってきた。このように新たに獲得した権利を使いこなし，それにふさわしい行動をとるため」[5]の基本的な指針を示すのがアサーションという考え方であった。こうした流れを見ると，アサーションとは，単に他者との間の言い方の問題ではなく，互いに，人間として，対等な関係を作っていくためになくてはならないものであり，人間尊重の思想を具体的な行動で示すためのものであるととらえることが出来よう。

　こうしたアサーションの概念を今回の学習の場に取り入れることの意義としては，乳幼児期及び学齢期の子どもを持つ親にとっては，「感情的になるのではなく，

感情を伝える」ことの重要性を理解することにもつながるものであり，このアサーションの概念を単に概念として理解するのではなく，参加者が自らの体験をベースに理解していくことは，日常の子どもとの感情的な関わりについて確認したり，見直す機会となりうるものと考えたからである。

(2) 教育方法としてのロールプレイ

ロールプレイとは，役割演技法と訳され，日常の体験とは異なる役割を担って実験的に役割を演じるというものである。こうしたトレーニング方法は，カウンセラーの面接訓練などにも用いられることが多い。こうしたロールプレイを用いられることはこうした体験を通して，自分の気持ちの動きに目を向け，自分の傾向を再認識したり，自分とは異なる立場の人の思いや気持ちというものに目を向け理解することができるということが促進される学習方法であり，対人関係を学ぶ場では有効な学習方法と言えるだろう。

今回取り上げるアサーショントレーニングの場で，ロールプレイを用いる意味は，①実験的な役割を担うことによって，より自由な感情表現が促進される，②日常とは違う立場に立って行動することによって，参加者が日常の自分の感情表現の傾向を対比させながら，自らの動きを客観的に見ることができるという二つの意味があると考える。

さらに，今回の学習の場では，3人一組として，2人のロールプレイを観察する役割を加えた。これは，ロールプレイを演じる2人の動きを客観的に観察し，それをロールプレイを終えた後に，演じた2人にフィードバックするというものであるが，これは，前章で述べた体験学習の循環過程では，体験の内省と観察，一般化といったプロセスを促進するものである。しかも，単に演じた2人へのフィードバックだけではなく，観察し，それをどうフィードバックするのかということを通して，観察者としても自らの日常の感情表現のあり方を見直すことにもなりうるのである。

(3) 実習の展開

以上のような観点に立ち，ロールプレイ実習として場面構成をしたが，以下に実習の手順にしたがって説明する。

ア．アイスブレイク

　まず，こうしたロールプレイ実習に大切なことは，参加者が日常とは違った行動をすることができるということを保障する学習の場への脅威を低減させることである。そこで，アイスブレイキングという作業が必要となる。これは，直訳すると，氷を壊す／溶かすということで，学習の場の緊張感を少しほぐすというものであるが，今回の実践の前には，参加者が持参したペンを用いて，2人組になり指先だけで持ったまま，座った姿勢から立ったり，別のグループとペンを交換するといったことをするものを用いた。このようなアイスブレイクの作業を経て，実際の実習に入る。

イ．実習の展開

　ここでは，参加者に対して学習方法について示した「ロールプレイ実習について」，参加者に役割を提示した「状況シート」及び観察者に対して観察の視点を示した「観察シート」を提示する。

(ア) ロールプレイ実習説明シート

ロールプレイ実習

〈実習のねらい〉
　感情の関わり合いを体験する。
　自分自身の気持ちの動きに目を向ける。
　コミュニケーションに起こる様々なことに気づく。

〈手順〉
　3人一組になり，

```
              A
             ↖      状況が変わるたびにその席に座る
         ↑↓ ←C（観察する役割の人，口ははさまない）
             ↙
              B
```

① A，Bの人は，手渡された状況シートを黙読する。（状況は相手に話さない）
② 合図とともに，それぞれの人物の立場や気持ちになって，相手の人と約3分間，関わり合う。（終了もこちらから合図します）

③ 5分程度でそれぞれチェックシートにメモを取る。
④ それぞれのチェックシートの内容を 10 分程度 3 人で分かち合う。

以上を 3 人が役割を代わって，全部で 3 回ロールプレイを実施する。

(イ) 状況シート
　実際には，参加者は役割を交代しながら，3 回のロールプレイを実施したので，三つの状況があるのだが，ここでは，研修の流れを示すに止めるために，一つの状況のみを例示的に提示することとした。
　なお，点線で区切った A, B は実際には別のシートになっている。

状況シート（A）

　私は，花子です。
　私は，ここ 2 日間寝不足です。
　というのも，明日は，大学の授業で，4 人一組になってあらかじめ割り当てられたテーマについて発表するという授業があり，その準備のために，一緒に発表する幹子と咲子は，私の家に来て資料作りや発表をどうするかを話し合っていました。
　発表のテーマは，「相手の立場に立って考える」というものでした。
　内容は結構面白くて，寝不足だけど，ここまでやり遂げたので結構満足していました。
　ところが同じ班だった智子は，全然学校にも来ず，電話をかけても連絡がつかないので，資料作りも発表の割り当ても出来ないままでした。
　これまでも，智子には授業のノートをコピーさせてあげたり，レポートも見せてやったりしていました。しかし，智子はいつもやってもらうばかりで，今回も人をあてにしているとしか思えません。

　さて，今日は発表の日です。午前 9 時，教室に入ると，何と智子が来ているではありませんか。今さら，智子から言い訳を聞くつもりもありません。
　まず，智子に自分の気持ちを伝えてください。

状況シート（B）

私は，智子です。

私は，ここ１ヶ月寝不足です。

というのも，私は，美術サークルに入っていて，２週間後には，彫刻の作品を完成させなければなりません。そのため，知人の工房にずっとこもりっぱなしでした。

作業中に携帯電話が鳴ると気が散るので，電源を切って，作業に没頭していました。昨日の晩からも徹夜でしたが，午前８時頃，ようやく完成の見通しが持てるようになり，気分もほっと一息といったところでした。

工房にあるカレンダーにふと目をやると，思い出しました。今日は，花子，幹子，咲子と共に大学の授業の発表をする日ではありませんか。

急いで花子らに電話しようと思いましたが，あいにく電話番号が分かりません。そこで，眠い目をこすりながら，作業着のまま急いで大学に行きました。

そうしていると，教室に花子がやってきました。

言い訳はあとにして，まず花子の話を聴こうと心に決めました。

まず，花子の言葉を聞いてから，返答してください。

（ウ）観察シート

観察シート

あなたは，２人のやりとりを観察してください。
観察のポイントは，次のような点です。
　（やりとりの間は記入しないでください。）

1 言葉としては，どのようなやりとりがあったか。

2 自分の気持ちを込めて相手に言葉を投げかけていたか。

3 言葉で伝えていたことと，表情やしぐさで伝えていたことにズレはなかったか。

> 4 相手の気持ちをきちんと受け止めていたか。
>
> 5 観察していて，自分自身のコミュニケーションについて考えたことはありましたか？

ウ．ふりかえりと分かち合い

　それぞれのロールプレイを終えた後，ロールを演じていた2人は，次のふりかえりシートを記入する。

ふりかえりシート

1 どんな気持ちで，ロールプレイをしていましたか。

2 自分の気持ちは，どの程度相手に伝わったと思いますか？

3 相手の気持ちを，どの程度受け止めていたと思いますか？

4 自分の感情パターンについて気づいたこと，考えたことがありましたか。

5 その他気がついたことを何でもどうぞ。

　このふりかえりという個人作業を経て，それぞれのふりかえり（この実習の場合は観察ロールの人の観察結果も含めて）を持ち寄り，互いの気づきをわかちあうという作業を行う。こうしたふりかえりとわかちあいの作業を通して，体験の中でどのようなことに気づいたのか，さらに，気づいた事柄が何故起こったのか，今後の課題としてどのようなことを試みていけばいいかなど，体験学習の循環過程で言うと自らの体験を内省し，観察する過程，一般化する過程，仮説化する過程を踏んで考察を深めていくのである。

エ．小講義

3回のロールプレイ，そしてふりかえりと分かち合いを経て，ここでアサーションの概念を提示し，いままでの体験を一般化し，概念化することを促進するために，小講義を実施する。

以下に，参加者に配布したレクチャー資料を提示する。

「感情的になること」と「感情を伝えること」の違い

相互理解のための感情交流
　人と人とが出会い，関わりを深めていくためには，お互いの気持ちや感情の関わり合いが不可欠です。
　効果的なコミュニケーションのためには，自分自身の感情の存在を認め，どのように表現するかを考え，その表現に対する相手の反応に責任を持つことが必要です。

感情を表現し，行動に移すための5つの段階
　① 感情を意識化する
　　いまの自分の中に起こっている感情や気持ちに目を向ける
　② 感情や気持ちに名前をつける
　　うれしい，悲しい，……といったように名前をつけることによって，自分の感情が明確になる。
　③ 感情の要因や背景について考える
　　どのようにしてその感情を持つようになったのかを確かめることによって，自分の感情に責任が持てる。
　④ 感情を抑えない
　　感情を良い悪いで判断しないで，自分の中に起こっている感情をありのままに受け入れる。
　⑤ 感情の取り扱い方を考える
　　自分の感情の良い悪いは感情の取り扱いで決まるので，自分の感情や気持ちをどのように表現するか，行動するのかを考える。

感情の取り扱い方と表現の三つのパターン
アサーション（assertion:主張，表明，自己表現という意味）
　① 自分の感情を抑圧するパターン【受け身的な表現パターン】
　　自分の中に起こっている感情を否定したり，その感情を回避したり，自分の体調が悪いなどとして，相手の関係を避けて，自分の中に引きこもってしまうパターン。自分の気持ちに正直ではないパターン。

　② 感情に支配されるパターン【攻撃的な表現パターン】
　　突発的な感情の爆発や過剰で過敏な行動を取ってしまったり，相手が悪いなどと他人のせいにするパターン。相手の犠牲の上に立った自己主張，自己表現。

　③ 感情をコントロールするパターン【主体的な表現パターン】
　　抑圧するパターンとは違い，自分が持った感情を意識し，ありのままの感情を受け入れた上で，自分の置かれている状況の中でどのように表現したり行動するのが自分に正直であるのか，また周囲の人にとっても分かりやすいのかを判断して，表現や行動を選択するパターン。アサーティブな自己表現。

※ここで強調したいのは，こうしたパターンは決してその人特有のパターンを決めてしまうものではありません。ある状況では，感情に支配されるパターンを取っていても，別の状況では自分の感情を抑圧するパターンを取っているということはだれにでもあることです。だれでも大切なのは，いまの自分がどのようなパターンで感情を表現しているのかということに気づくことなのです。

（参考文献）
★ 平木典子『アサーション・トレーニング―さわやかな〈自己表現〉のために―』日本・精神技術研究所（発売元金子書房）1993年　1500円（税別）
★ 津村俊充，山口真人編『人間関係トレーニング』ナカニシヤ出版　1992年　2136円
★ エリザベス・キャリスター，ノエル・デイヴィス，バーバラ・ホープ『わたし，あなた，そしてみんな人間形成のためのグループ活動ハンドブック』ERIC　国際理解教育・資料情報センター　1994年　2500円（税別）（書店扱いなし，発行元へ直接連絡）

オ．参加者からのフィードバック

　小講義を終えた後，参加者に感想，意見を記入してもらったところ，全参加者中約9割の51人から回答があった。

　その中では，「自分をふりかえり，今の自分の親子関係や夫婦関係……を分析できましたし，自分がこうありたいと思っているのもはっきりしました」といった感情表現の学習内容をとらえた意見の他に，「一方的に聞くだけの講演でなく，ロールプレイする中で楽しい雰囲気で学習できて良かった」というロールプレイを主体とした学習方法に関する肯定的な意見が多く見られた。その反面，「ロールプレイの時間が長すぎる」とか講師のこれまでの職業経験などを踏まえた子どもの感情表現について話が聞きたかったというような意見も10人弱見られた。

　この点でも，学習者の期待と体験的な学習の場面設定のバランス，そして実習と小講義のバランスなどの点で検討する余地があることが示された。

6. 考察

　以上のように，ラボラトリー・メソッドを活用した家庭教育プログラムの開発，実践の一例として，アサーション・トレーニングを取り上げた。ここで明らかにしたようにラボラトリー・メソッドによる学習プログラムは，実習，ふりかえり，分かち合い，小講義といった手順で学びを進めていくのである。この学びのプロセスを通して，学習者の実体験をベースに学習を深めていくのである。こうした学習の特徴は次の2点にまとめることができるだろう。

　① 学習の枠組みを設定すること
　② 学習者の自由な動きを促進すること

　①の学習の枠組みを設定するというのは，何ら課題を与えない状況で学習を進めていくのではなく，何を学ぶのか，どう学ぶのかといったねらいを明らかにすることである。この学習の枠組みを設定することによって，学習者に対しても課題を明確にすることができる。ここが，単に話し合いを行えばよいという子育てサークルの進め方とは異なるところであり，あくまで家庭「教育」支援であると考える。しかし，この学習の枠組みと相反することになるが，ねらいを強く提示すればするほど，学習者の自由な動きを疎外することになりかねない。その意味でも枠組みを設定しながらも，その枠組みの中で学習者が自由に動くことができる余裕を持ってお

くことがこうしたラボラトリー・メソッドによる体験学習には必要である。

その意味では，この実践はアサーションという学習のねらいを設定しながらも，それをロールプレイという形で学習者自身がどのように応答するのかをまず体験してもらい，その体験をふりかえり，分かち合うという学習者自身の自由な動きを保障した点が重要だったと言えよう。

第2節　社会教育における家庭教育支援の実践

前節では，他者とのコミュニケーションの在り方についての学習を取り上げた。これによって，ラボラトリー・メソッドによる体験学習を用いた教育実践について，実習，ふりかえり，分かち合いという段階を経て進めていく方法を明らかにしてきた。このことを踏まえて，本節では複数回の継続的な学習機会において，どのような学習を進めていくことが重要であるかを明らかにすることを目的としている。そこで，家庭教育支援のための継続反復的な学習機会としては家庭教育学級というものが国レベルで施策化されていることに注目し，家庭教育学級の現状と問題点を明らかにした上で，家庭教育学級において展開する可能性をもったものとして，ラボラトリー・メソッドによる体験学習を用いた教育講座の特質を明らかにした。

1. 家庭教育学級の現状と問題点

教育の原点は家庭であることを自覚する。これは，2000（平成12）年9月22日に出された教育改革国民会議中間報告で出された教育を変える17の提案のうちの最初の提案である。これは，最近の少年非行の凶悪化，ひきこもり，児童虐待といった子どもをめぐる問題が頻発し，教育をめぐる状況が危機的なものになってきており，その背景には近年の家庭における教育力の低下があるとした認識に立つものと言ってよいだろう。

こうした認識のもと，2001（平成13）年7月11日，教育改革関連6法の一つとして，社会教育法の一部を改正する法律が成立した。この改正は，(1) 家庭教育支援の充実を目的として，家庭教育に関する社会教育行政の体制整備を図る，(2) 学校の内外を通じた様々な体験活動の促進を目的として，地域社会におけるボランティア活動等社会奉仕体験活動，自然体験活動等の体験活動の促進を図る，(3) ボー

イスカウト・ガールスカウトのリーダーや青年海外協力隊の隊員等の行う社会教育事業における企画立案及び指導などに従事した経験を社会教育主事の実務経験として評価するといった社会教育主事の資格要件の緩和，(4) 国及び地方公共団体が社会教育行政を進めるに当たって，学校教育との連携の確保に努めるとともに，家庭教育の向上に資することとなるよう必要な配慮を行うことを明記するという4つの点を改正したものである。このうち家庭教育充実のための具体的な施策として，①家庭の教育力の向上を図るため，家庭教育に関する講座等の実施及び奨励の事務を教育委員会の事務として明記すること，②家庭教育の向上に資する活動を行う者（「子育てサポーター」や子育てサークルのリーダー等）を社会教育委員及び公民館運営審議会の委員に委嘱できるようにするという二つの施策が明文化された。

このように制度上は整備されつつある社会教育の場における家庭教育支援活動であるが，本節はここでの活動にラボラトリー・メソッドを活用することの意義を明らかにすることを目指している。

その手がかりとして，家庭教育学級というものに焦点を当て，現在の社会教育の場における家庭教育支援活動の実情を明らかにすることとし，その課題を提示したい。

(1) 家庭教育学級の実際

それでは，実際に運営されている家庭教育学級では，どのような教育活動が展開されているのだろうか。どのような講座を展開しているかを明らかにすることによって，家庭教育学級の実態に迫ることができるのではないかと考えた。

ア．調査対象

S市教育委員会が発行している「平成12年度（2000年度）家庭教育学級　学習の記録」をもとに分析した。

イ．分析方法

S市で開設されている家庭教育学級は35学級。講座数は延べ306回であった。

このうち，年間のふりかえりなど実質的な講座と言えないと判断した25回を除いた281回の講座について，次の五つの項目に類型化した。

① 子どもへの理解，子どもとのコミュニケーション，家庭教育のあり方に関する

もの（臨床心理士や児童相談所関係者による「子どもの心が見えますか」といった講座など）
② 学校教育に関するもの
　（学校教諭による「総合的な学習の時間について」といった講座など）
③ 家族の健康，生活環境，安全管理に関するもの
　（栄養士による「子どもの食生活について」や心肺蘇生法の実習など）
④ 受講者自身の教養，技術習得，健康増進に関するもの
　（フラワーアレンジメント，茶道入門，ヨガなど）
⑤ 社会福祉に関するもの
　（高齢者体験や障害者スポーツへの理解など）

ウ．結果

　281回の講座を上記五つの類型に分類した結果は次の通りである（表6-1）。
　なお，参考までに，S市同様大都市圏内のいわゆる衛星都市にある住宅地にある小学校区の家庭教育学級であるI市立H小学校家庭教育学級で2001年度に実施された講義内容は以下の通りである（表6-2）。
　このように，家庭教育学級といいながらも，子どもとの関わりについて考える学習機会は全体の4分の1にも満たないことが分かる。それとは逆に，地域の工場見学などを通して教養を高めたり，音楽鑑賞や茶道入門といったように情操を豊かにする，そしてヨガ体操などを通して健康増進を図るといったものが半数に迫ることが分かる。
　家庭教育学級は国の補助事業としてこれまで三十数年にわたって展開してきているが，実質的には受講者である親自身の教養を高めるといった教育内容となってお

表6-1　S市における家庭教育学級の講座内容の分類

内　　容	講座実回数	全講座に占める割合(％)
①子どもへの理解，子どもとのコミュニケーション，家庭教育のあり方に関するもの	66	23.5
②学校教育に関するもの	17	6
③家族の健康，生活環境，安全管理に関するもの	53	18.9
④受講者自身の教養，技術習得，健康増進に関するもの	131	46.6
⑤社会福祉に関するもの	14	5

表6-2 I市立H小学校家庭教育学級での2001年度講義内容

実施日	実施月	内容
第1回	5月	開講式(H小学校校長による講話)
第2回	6月	親睦会(ボウリング場において)
第3回	7月	人権学習として裁判傍聴
第4回	8月	乳製品を中心とした調理実習
第5回	9月	ストレッチ体操
第6回	10月	小学生のおやつ作り実習
第7回	11月	食品工場見学
第8回	12月	バスソルト(天然塩による入浴剤)作り
第9回	1月	ミニローズ(プランターで育てることができる小さなバラ)作り
第10回	2月	閉講式(H小学校教頭による講話)

り,現状で求められている家庭の教育力を高めるための場とはほど遠いものとなっていると言わざるをえない。

この要因としては,運営上の問題があると考える。すなわち,家庭教育学級が各小学校区単位に設置されていることが多く,公民館などの社会教育施設が運営主体となっているものの,実質的な運営はそれぞれの小学校区のPTAなどから選出された保護者が担当していることにある。しかも,単年度での担当となっていることが多いため,前例踏襲型の運営とならざるをえない状況になっている。さらに,運営主体である公民館などで個々の家庭教育学級に対して,教育内容などについてアドバイスをするなどのコーディネーターとしての機能がうまく働いていないという点が問題である。

(2) 家庭教育学級における教育方法のあり方

前項で指摘した問題点とも関係するのであるが,家庭教育学級のさらにいま一つの問題点は教育方法にもあると考える。

第4章第1節で,我が国の家庭教育支援に関する施策の歩みを明らかにした。その中で,1964(昭和39)年から実施されている家庭教育学級は,その開設数,参加人員ともに今日の家庭教育支援における教育機会としては大きな位置を占めているものと言えよう。このように全国に展開してきている家庭教育学級であるが,この家庭教育学級における教育方法がいかにとらえられていたのかを明らかにしたい。

まず,家庭教育学級開設当時,教育方法をどう考えていたのかについて取り上げ

てみたい。ここで取り上げる資料は，1965（昭和40）年当時，文部省社会教育官であった藤原英夫と文部省婦人教育課長であった塩ハマ子が編者となり，当時の文部省婦人教育課員が執筆した『家庭教育学級の開設と運営』である。この中で「家庭教育学級の学習計画」として学習計画のたて方，教材，講師助言者はどうあるべきかなどとともに，学習方法についても触れている。そこでは，家庭教育学級において，家庭教育に関する学習方法は「学習者がこどもの教育について自己の意見や経験を他人との交流（または教材をとおして）の中で客観化し自己学習するのを刺激する」ことであるとして，学習者自身の経験を客観的にとらえることに重点が置かれている。その上で，(1) 講義・講演，(2) 討議，(3) 調査，(4) 見学・実習，(5) 演習（ゼミナール）という五つの方法を例示している。(1) 講義・講演については，家庭教育の基本的な考え方を理論的・系統的に注入する場合に用いられるとしているが，(2) の討議の方法を併用して，学習者の経験や意識を理論的な側面と関連できるような方法を用いることも有効であるとしている。さらに，(2) の討議については「話し合い」による学習方法がともすると親の身辺の意識から脱却できず停滞し，学習効果を疎外している例もあるとして，ここでも講義・講演と討議とを組み合わせたり，視聴覚教材の利用などの配慮が必要であるとしている。このように開設当初から，こうした理論と親自身の経験や意識との統合を意図した学習方法を提起している。

しかし，今日の家庭教育学級の現状を見ると，子育てに関する講座においては，臨床心理士などによる講話なども，理論的な考え方を注入されるか，現状を聞くというように受講者である親に対して一方通行的な講話だけに止まることが多く，親自身の経験や意識との統合という視点が乏しい。また，親自身の教養を高めるなどの講座を通して，受講している親同士がネットワークを自然発生的に形成していくことはある。しかし，子育てを同じ時期に経験している受講者同士が相互理解を深める働きかけを家庭教育学級の講座内容そのものとして展開していくことをねらいとしたものは少ない。

2. 関わりに焦点を当てた継続的な家庭教育支援プログラムの実際
(1) 取り上げる実践内容

ここで取り上げるのは，筆者も講師の一人としてかかわっていた2001年7月に

実施した連続講座「10代の心と向き合う」ワークショップである。これは，K市内にある生活協同組合関連のボランティア振興財団主催で，心身ともに成長の著しい10代の子どもは親にとって接し方が難しいと考えられている。さらに，いじめ，不登校，少年非行の多発などで，子どもとの接し方に戸惑ったり，不安を抱く人も多いことから，子どもとの基本的なコミュニケーションをワークショップ形式で学ぶことを目指したものである。

講座は，1回3時間の講座を週1回4回連続の講座として実施したものである。受講者は10代の子どもを持つ親のほか，中学校教員，学習塾講師，障害児福祉施設職員ら19人であった。

(2) プログラム展開

4回の講座は次のようなテーマで実施した（表6-3）。

ここで，それぞれの講座について，その内容を示したい。

第1回の講座は，「関わることとつながること」と題した。ここでは，学習のスタートとして，参加者自身のねらい，意図などを相互に明らかにし合い，学びの共同体としてのグループ作りを促進することをねらいとしていた。具体的には「未知との遭遇」と題した実習を実施した。これは，まず2人一組となり，この講座を受講した動機などを互いに話し合い，次に4人一組となり同様のテーマで話し合うというようにした。2人一組，4人一組ということでしだいに人数が増えることで，自己開示や他者理解がどのように行われるのかを感じ取るというものである。この後，自己開示とフィードバックについての小講義を行った。

第2回の講座は，自分と関わるというテーマで実施した。これは，他者（この場

表6-3 「10代の心と向き合う」ワークショップの講座内容

実施日	内容
第1回	「かかわることとつながること」かかわりで育ちあうってどういうこと？ 〜見てみよう！ 自分のかかわり・育ちぶり〜
第2回	「自分とかかわる」 大人ってなんぼのもんやねん？ 〜あらためて見てみよう。素の自分〜
第3回	「他者とかかわる」子どもは大人の鏡 〜固定化した人間関係を見直そう！〜
第4回	「かかわりのスキルをたかめる」わかりあうことの始まりに 〜身につけよう！ 聴く＝耳を傾けること〜

合，10代の子ども）との人間関係を考える時には，自分自身のあり方に気づくことが大切であるとの考え方に依拠するものである。そこで，「自分の言葉で自分像を語る　～私のPI（Personal Identity）づくり～」と題した実習を行った。これは「私は_____」という問いを20回答えていき，そのまとめを経た上で，自分が何であるのかを短い言葉で表現してもらった。さらに，この実習で気づいたことなどを4人程度の参加者で話し合ってもらう機会を持った。そうした中で，参加者からは「自分一人で自分とは何かを考えていくのではなく，他者との関わりの中で気づいていく姿勢が大切」といったふりかえりの言葉があった。

　第3回の講座は「他者と関わる」と題し，「こう見ている，見られている」という実習を行った。ここでは，自分が見ている自分と他者から見られている自分との違いを明確にするために他の人とは違う自分だけの特徴を記載し，参加者全員の特徴を名前を付した形で参加者に明示する。その上で，参加者が互いに他者に質問する形で，相手の特徴を言い当てるというものである。これにより，他者から見られている自分と自分でとらえている自分との違いなどを参加者が認識する経験となっていた。

　第4回の講座は「関わりのスキルを高める」と題し，聴くことと聴かないことによって，どのような関係が生じるのかということを実習として取り入れた。これは，自分のコミュニケーションのあり方について考えてみることをねらいとしたもので，2人組になり，2分ずつ8回の対話を行う。その際，聴き手の側はファシリテーターから指示された態度（無視する，話を横取りする，目を見て頷く，話し手の言葉を繰り返す，話し手がどんな気持ちかを言葉にして表現する）というように，様々な態度を示すことによって，自分の日頃のコミュニケーションのあり方をふりかえってもらうことと同時に，傾聴する関係でのコミュニケーションの重要性を体験してもらうものであった。

(3) このプログラムの運営面における特徴

　この4回の講座を筆者を含む3人の講師で担当した。いずれも，Tグループのトレーナーとしての経験を持ち，ラボラトリー・メソッドによる体験学習法による教育方法を用いて，学習を展開していた。さらに，講師のうちの1人がコーディネート役となり，全体的な企画立案，主催者との連絡調整などを担当していた。さらに，

企画立案段階から，3人の講師でそれぞれの講座の運営について話し合う機会を持っており，それぞれの講座が有機的に関連し合うことを心掛けていた。

　また，参加を呼びかける際にも，講座の進め方と題して次の二つの点を明示していた。まず一つ目は，ラボラトリー・メソッドによる体験学習をベースにした人間関係トレーニングのワークを通じて，テーマについて学ぶことである。これは，単に講師からの一方通行的な講義，講演とは違って，参加者が自ら学習の素材となることを明示したものである。こうした参加者が自ら行動することで学ぶという学習方法は他のこうした子育てに関わる講座には少ないため，参加者自身が参加する構えを持っておいてもらうことが大切であると考えたことによるものである。もう一つの点は，講師と参加者によるワークを通じての体験学習をもとに，日常の人間関係での"関わり目標"を設定し，その目標を意識して日常生活を過ごしてもらい，そのことのふりかえりを持って集まり，次の講座はその分かち合いから始めることを明示した点である。

　そして，このことをO. L. T（On the Life Training）として表現していた。例えば企業内教育の分野で用いられることの多いO. J. T（On the Job Training）に近い考え方で，講座の中での体験を日常生活の中で生かしていくことが大切であると考えたことによるものである。

　以上のことから，ここで取り上げた実践の特徴は次の点にまとめることができる。

① 子ども，家族との関わりについて体験的に学習する場であること。

② 参加者同士のつながりを深めるものであること。

③ 講座という場での学習だけではなく，日常生活の中での学びの存在を認識した相互の講座が関連し合っていること。

④ それぞれの講座が関係し合って，学習の場を構成していること。この連携を取るために，コーディネートする立場の支援者がいること。

　これは，先に挙げた家庭教育学級の問題点を改善していくための重要な示唆となりうるものであると考えている。

第3節　学校教育の場での実践例

1. はじめに

　ここでは，今後展開される家庭教育講座の一つの方向性を提起することを目指して，大学で展開してきた家庭教育プログラムの実践について明らかにすることとした。ここで取り上げた家庭教育プログラムは，家庭教育学級など社会教育の場での実践として適用可能なものを想定して，筆者としては実践してきているものであるが，こうした家庭教育プログラムを学校教育としての大学教育の中で実践することの意義も当然ながら持ち合わせているものととらえている。

　すなわち，ここで明らかにした学校教育の段階では，自らが親（もしくは代行者）の立場にあるものは少なく，親としての準備教育といった性質を持つ実践であり，そのあり方は初等中等教育においても，児童生徒の発達段階に応じてその内容を変化させることは必要であり，実践の参考となりうると考えたからである。初等中等教育における親（もしくは代行者）としての準備教育は，技術・家庭科教育の中で展開されている。例えば，2002（平成14）年4月から施行される「中学校学習指導要領」（文部省第176号）では，第8節　技術・家庭のうち，家庭分野では「実践的・体験的な学習活動を通して，生活の自立に必要な衣食住に関する基礎的な知識と技術を習得するとともに，家庭の機能について理解を深め，課題をもって生活をよりよくしようとする能力と態度を育てる」ことを目標としており，その中で「幼児の心身の発達を考え，幼児との触れ合いやかかわり方の工夫ができること」が指導事項に盛り込まれている。この「幼児との触れ合いやかかわり方」という文言は今回の指導要領で新たに盛り込まれたものであり，親（もしくは代行者）としての準備教育が家庭科教育の一つの目標として位置づけられたものであり，こうした触れ合いやかかわり方を学ぶことは，概念的な理解だけではなく，体験的な学習を通して体得していくことが求められるものと考えた。こうした意味からも，学校の種別を問わず，学校教育における体験的な学習としても，家庭教育プログラムのあり方を検討することが意味あることと考えた。

　こうした視点に立って，大学における家庭教育プログラムについて，その理論的背景にある体験学習法の方法論を踏まえ，その実践を明らかにすることとした。ただし，今回の実践を取り上げるにあたっては，個々の実習プログラムの内容ではな

く，体験学習法を用いた教育プログラムの全体構成に焦点化したものとした。これは全体構成として，家庭教育プログラムとして，自己覚知，他者理解，グループ理解というテーマをどのように構成してきたのかを明らかにしたいという筆者のねらいによるものである。

2．ラボラトリー・メソッドを活用した家庭教育プログラムの実践例
(1) 本研究で取り上げる実践

本研究で取り上げるのは，2001年度に実施された「家庭教育」で実施したプログラムである。

講義は毎週1回，90分の授業を通年で合計25回実施し，受講者はK女子大学4年次生10人，3年次生32人の42人であり，全員必修科目ではなく，任意に本科目を選択したものである。

なお，受講者に対しては，本プログラムは授業での実践であるとともに本研究の素材として取り上げる予定であることを授業開始当初に口頭で告知し了解を得ており，さらに本節で具体的に記載内容を紹介した学生には，その旨の了解を得ている。

(2) 実践の展開
ア．受講前の情報提供

本科目については，他の開講科目と同様，全学生に2001年2月に配布される講義概要で，当該科目での教育目標，課題，方法などを明らかにしているが，その内容を提示する。

---

1 科目の教育目標
　最近，少年非行の凶悪化が社会問題として取り上げられ，家庭の教育力が低下していることが背景にあると指摘されることが多い。しかし，家庭の教育力とは，いかなるものであろうか。人それぞれによって，そのとらえ方は多種多様である。こうした多様性を象徴するように書店には，数多くの育児書，子どもとの関わり方を述べた本が多数並んでいる。しかし，こうした書物に触れるだけで，子育て

や家族関係というまさに「いま，ここ」での営みを理解するのは不十分である。
　そこで，本科目では，家庭教育の基礎的部分ともいうべき「自分自身を理解すること」，「人と人とが関わり合うこと」，「他者を理解すること」などについて，体験的に理解する学習から出発し，家庭教育のあり方についての理解を深めることとしたい。

2　教育・学習の個別課題
　（1）体験学習法を通して，自己覚知と他者理解のあり方について学ぶ。
　（2）非行をはじめとする問題行動の事例を通じて，家族関係のあり方，親としての態度や心構えといったことについて理解を深める。

3　教育・学習の方法
　（1）授業方法
　授業は，受講者自身の主体的な参加が求められる「参加型学習（実習）」を基本としていく。
「体験」→「ふりかえり」→「小講義」という流れで授業を構成する予定である。
（中略）

4　留意事項
　（1）小グループでの活動を主体とするため，概ね40人程度の受講生に制限することがある。
　（2）小グループに分かれて，他の受講生と関わり合う場面が多い授業になるが，「やってみよう」という前向きな気持ちを大切にしてほしい。

5　授業予定一覧
　　（以下略）

イ．授業の展開
（ア）第1回〈授業のねらいづくり〉
　a　担当者が意図していたねらい
　ねらいの明確化，共有化，学びの共同体作りをねらいとした。
　b　授業の進行

第3節　学校教育の場での実践例

年間を通しての授業を始めるにあたり，授業日程，進め方，レポート提出など授業の全体的な枠組みを説明した後，改めて前述した講義概要の記載内容を提示した上で，受講者に「家庭教育　授業のねらいづくり」シートを配布し，本授業を通して持って帰りたいものを箇条書きで三～五つ程度記入してもらった。その上で，そのねらいを実現するためにはどのようなことをしてみたいか（授業内外問わず）を記載してもらった。

以下に１人の受講者の記載を紹介してみたい。

家庭教育　授業のねらいづくり

氏　　名　○○○○

※　自分というものをよりよく知りたい。
　　→　人との関わり合いの中での自分の考えと他人の考えの違い。友達や親から見た自分はどんな人物かということをくわしく聞いてみたい。

※　他人とのうまい関わり合い方，つき合い方。
　　→　授業や体験学習を通していろんな人と関わってみる。

※　他人の立場に立って物事を考える，思いやる心。
　　→　まずは自分を理解する。自分の感情をうまくコントロールできるようにする。

※　子どものしつけ方，子育て。
　　→　近所の小さい子と親，親せきの家族とかをちょっと観察してみる。

※　家族それぞれの関わり合い方。何か問題が起こった時の対処の仕方。
　　→　まずは，自分の家族を客観的に見つめて観察してみる。

ここで挙げたもの項目以外に，受講者からは非行，虐待，家庭の教育力の低下な

ど今日的な課題についてくわしく知りたいといったものや，体験から学習する方法を学びたいというねらいも出されていた。

　受講者全員の記載が終了した後，受講者自身のねらいを共有化することを目的として，3～4人の小グループになり，それぞれが記載したねらいを他の受講者に紹介することとした。メンバーを交代しながら小グループを3～4回繰り返し，その際，自分のねらいを聴いてもらった受講者のサインを「家庭教育　授業のねらいづくり」シートの欄外に記載してもらった。

(イ) 第2，3回〈体験学習を体験してみよう〉

　a　担当者が意図していたねらい

　体験学習を体験することを通して，参加型の学習態度を意識してもらうことと同時に，メンバー間のコミュニケーションの促進をねらいとした。

　b　授業の進行

　実施した実習は，『第一印象』と呼ばれるもの[6]で，5人程度のグループになり，自分以外のメンバーについて，例えば四季なら何を選ぶか，色なら何を好むかなど七つの設問をそれぞれ推測し，その後，自分の選択を発表することで，お互いに自分がどう見られているか，他者をどう見ているのかに明らかにするものである。ふりかえり，分かち合いの後，第2回の授業を終え，第3回の授業冒頭に「体験学習の循環過程」についての小講義を行った。

(ウ) 第3，4回〈コミュニケーションの双方向性〉

　a　担当者が意図していたねらい

　コミュニケーションの双方向性について学ぶことを通して，家族間のコミュニケーションのあり方を見る視点を養うことをねらいとした。

　b　授業の進行

　実施した実習した実習は，『一方通行・双方通行のコミュニケーション』と呼ばれるもの[7]で，ある情報（いくつかの図形を組み合わせたもの）を，参加者からの質問なしで一方的に情報を提供する場合と，参加者との質疑応答を認めた形で情報提供する場合との違いを体験し，そこで起こったことから，一方通行・双方通行のコミュニケーションの違いを考えるものである。ふりかえり，分かち合いの後，第3回の授業を終え，第4回の授業で「コミュニケーションにおける他者の存在」について小講義を行い，他者を情報交換の対象として見るのか，情緒交流の対象とし

て見るのかの違いを概念化した。さらに，小講義での双方向性を明確化するために，小講義終了後，受講者に「クエスチョンシート」と題し，「対話というのは，一方通行ではなく，双方通行でこそ，お互いに理解を深めるものとこの授業で伝えてきました。そこで，この授業もそのような双方通行の対話の場にできたらと考えています。後半は，今日の話の中で出てきた疑問点や確認したい点などを出してもらい，それを一緒に考えることにしたいと思います。10分位で，この次の枠の中に，疑問点，確認したい点，伝えたい点などをお書きいただき，一度，私のところに出してください」として疑問点，意見などを自由に記入してもらうシートを記入してもらい，その記載をもとに担当者と受講者のやりとりを行った。

(エ) 第5, 6, 7回〈グループ・プロセスに目を向ける〉

　a　担当者が意図していたねらい

　集団として一つの課題を達成する過程で起こることを通して，そこでの自分，他者，グループの動きに気づき，グループ・プロセスを学ぶことをねらいとした。さらに，プロセスへの気づきを通して集団の中での個人の動きを意識化することをねらいとした。

　担当者としては，このねらいは，家庭生活で生じる様々な課題をどのように解決するのかと同時に，解決するプロセスにおける家族メンバーそれぞれの動きを見る視点を養うことにも通じるものととらえたものだった。

　b　授業の進行

　第5回目に実施した実習は，『ブロック・モデル』と呼ばれるもので，グループに与えられたブロックを用いて，提示されたモデルと同じものを作ることを通して，グループでの課題達成のあり方，各メンバーへのフィードバックなどを行うものである。ふりかえり，分かち合いの後，第5回を終え，第6回の授業で「プロセスとコンテント」について小講義を行い，対人関係においてはコンテントとプロセスという二つの側面があることを明確にした。その後，「クエスチョンシート」によるやりとりを行った。

　その上で，第7回に『9人の食事』と呼ばれる異なる情報を持ち寄って課題を解決する実習を実施し，ふりかえり，分かち合いを行った。その後，「M. I. Tについて」として，グループ・プロセスを見ることに加えて，集団の中での個人の動きを見る視点として，①集団を形成し，維持していこうとする機能（Maintenance機

能），②個人的欲求を持たそうとする機能（Individual behavior 機能）③課題を達成しようとする機能（Task 機能），の三つの機能があることについて小講義を行った。

(オ) 第8，9回〈集団のコンセンサスのあり方について考える〉

 a　担当者が意図していたねらい

 多種多様な考え方を持つ他者の存在に気づき，他者との効果的なコミュニケーションのあり方を考える。また，実習の内容についても，家庭教育のテーマに沿うものとして，青少年の問題行動についての多様な考え方に触れることも意図していた。

 b　授業の進行

 実施した実習は，『青少年の問題行動を防ぐには』と題した担当者が作成したものである。これは1998（平成10）年に総理府が実施したアンケート結果をもとに，「青少年の非行の問題行動防止に有効なものは何か」を，「道徳教育を充実する」，「非行少年の立ち直りを助ける働きかけを強化する」，「非行を厳しく処罰する」などといった選択肢の中から，20歳以上の人が最も多く選んだものから個人で順位づけした後，5～6人のグループで一つの順位を決定するというもので，「正解のあるコンセンサス実習」と呼ばれるものである。このグループ決定の際には，じゃんけんで決めるとか多数決で決めるといった安易な葛藤回避方法を取らず，全員が合意するものであることを指示しておくものである。ふりかえり，分かち合いの後，第8回の授業を終え，第9回の授業で「コンセンサスによる意思決定とは」というテーマで，合意形成のためのコンセンサス作りで大切なことは安易に葛藤を回避するのではなく，互いの考え方を十分に聴き合うことから出発する必要があるといったことを明らかにした。

(カ) 第10，11回〈自分の価値観を明確にすること，そして他者の価値観と関わる〉

 a　担当者が意図していたねらい

 自らの価値観を明確にすることを通して，日常生活で何を優先して行動しているのかといった自らの行動指針に気づくことをねらいとした。と同時に，他者の価値観にも触れ合い，異なる価値観との間でどのように調和を取りながら，集団として行動するのかというテーマも取り上げることをねらいとしていた。

第3節　学校教育の場での実践例　　171

　　b　授業の進行
　実施した実習は『それなしでは過ごせない』と題したもので，無人島で1週間過ごすことになった時に必要なものを個人で挙げてもらった後，5～6人のグループで一つの順位を決定するというものである。手順としては第8回に実施した『青少年の問題行動を防ぐには』と同様のものだが，今回の実習は「正解のないコンセンサス実習」と呼ばれるものであり，正解がないところが，前回実施した実習と大きく異なるものである。正解がないだけに，個人の価値観が明確になるもので，課題達成よりも集団としての価値形成ということが大きなテーマとなるものである。ふりかえり，分かち合いの後，第10回の授業を終え，第11回の授業で「価値の明確化の教育について」というテーマで小講義を行った。
　この小講義では，優先順位を決めることを通して，価値観の棚卸しを行い，自分自身をより深く理解し，自分の住む世界との関係のあり方への認識が深まる。そのことが自分の成長につながること，そして，他者の価値観と関わり合う，または葛藤する体験を通して，互いに違っていることを認め合い，さらに，集団として葛藤解決のあり方を学ぶ教育のあり方を明らかにした。その後，「クエスチョンシート」によるやりとりを行った。
(キ)　第12,13回〈聴くということ〉
　　a　担当者が意図していたねらい
　聴くということを中心に，様々なコミュニケーションのあり方を体験することを通して，対話的な対人関係を形成するために必要なことを学ぶことをねらいとした。
　　b　授業の進行
　実施した実習は『聴くということ』と題したもので，担当者が作成したものである。これは，2人組になり，話し手と聴き手の役割を交代しながら，指示書に記載した様々な聴き方（無視する，安易に解決策を提示する，話しての感情を言語化するなど）を体験するというものである。ふりかえりの後，4～6人程度で分かち合いを行い，第12回授業を終え，第13回授業では「傾聴（active listening）」について小講義を行った。その後，「クエスチョンシート」によるやりとりを行った。
(ク)　第14,15,16回〈やりとりを意識化する〉

a 担当者が意図していたねらい

対人コミュニケーションにおける感情表現や対話の様々なパターンを体験することを通して，自分と他者との関係のあり方に気づくことをねらいとした。

b 授業の進行

第14回はアサーション・トレーニング，第15，16回は交流分析の理論を単に理論として教えるのではなく，体験学習法の実習として実施した。このアサーション・トレーニングとは，主張訓練とも訳されるが，対人場面で自己を正確に主張し，表現することを訓練するものである。また，交流分析とは，バーン（Berne, E.）によって提唱された理論で対人関係で起こっている交流のパターンを分析するものである。この両者を，ロールプレイ形式の実習を行い，それをふりかえり，分かち合うという体験学習法の方法で実施した。これらの理論は，親と子の関わりのプロセスに気づく一つの視点であると考え，本プログラムに取り入れたものである。

いずれも，これまでの実習とは異なり，ロールプレイ形式の実習，理論的な小講義，さらにもう一度ロールプレイ形式の実習という形で実施した。これは，例えばアサーション・トレーニングについては，攻撃的な表現，受け身的な表現，主体的な表現といった3種類の表現をそれぞれあえてやってみることで気づくことを明確にすることを意図したからである。こうした方法で実施した実習の後，ふりかえりを行った。

（ケ）第17，18，19回〈家庭教育とは何か〉

a 担当者が意図したねらい

これまでの授業で取り組んだ自己覚知と他者理解の促進を踏まえ，家庭教育とは何かという課題を受講者それぞれに他者との関わりを通して明確化することをねらいとした。

b 授業の進行

まず，個人作業として，「私の家庭教育体験」というテーマで，自分が受けてきた家庭教育の内容とその体験を通じての自分への影響を書き上げてもらった。そして，4～5人のグループに分かれて，それぞれの「私の家庭教育体験」を紹介しあい，メンバーで家庭教育体験を共有化した。その上で，メンバーから出された家庭教育体験をもとに家庭教育とは何かについてということについて，模造紙に箇条書きしてもらい，第17回の授業は終了した。第18回の授業は，17回の授業で作成

した模造紙を張り出し，4〜5人のグループで各グループが書き出した「家庭教育体験」の項目について，すべてを付箋紙（7.5cm×7.5cm）1枚に1項目ずつ書き写した上で，それぞれのグループで，KJ法[8]の要領で受講者から出された家庭教育の体験を分類させた。その上でふりかえり，わかちあいを行って第18回の授業は終了した。第19回の授業は，家庭教育とは何かについて，担当者から，その用語概念，家庭教育の内容について小講義を行った。その後，「クエスチョンシート」によるやりとりを行った。

(コ) 第20, 21回 〈自らの親イメージを明確化〉
　a　担当者が意図していたねらい

　他者からのフィードバックを受けながら，自己イメージと他者から見た印象の差異を通じて，自分の対人態度について気づきを深めることをねらいとした。また，実習のコンテントとして，自分が親の立場になった時の子どもへの態度をイメージすることを通して，親の養育態度について理解を深めることもねらいとした。

　b　授業の進行

　実施した実習は，『未来予想図』と題したもので，津村と星野が作成した『私の私』という実習[9]を応用したものである。津村と星野のものでは，記載した者の名前を伏せた形で自分の長所，短所を記載したシートを6〜8人程度のグループで読み上げ，それが誰のものであるかを各メンバーであてるというものであるが，これに，10年後の自分がどのような生活を送っているのかいう項目を加えて実施したものである。10年後ということで，親の立場になることもありうる時期の自分についてイメージしてもらうこととした。ふりかえりの後，第20回の授業は終えた。第21回の授業では親の養育態度と子どもの傾向についての小講義を行った。その後，「クエスチョンシート」によるやりとりを行った。

(サ) 第22, 23回 〈非行と家族〉
　a　担当者が意図していたねらい

　前回の親の養育態度に関する小講義を踏まえ，非行と家族の関わりについて考えることとしたが，一方的に非行と家族の関わりについての知識や情報を伝達するのではなく，受講者間の多様な考え方を引き出すことをねらいとした。そのためにも，通常取り上げられがちな非行を抑止する方策とは逆に，子どもの問題行動を誘発する親の動きを様々な角度で考えてもらうことを課題とした。

b　授業の進行

「非行少年を作るための 10 か条」と題して，こうすれば子どもが非行に走るだろうという親の動き（態度，姿勢，考え方，言葉かけなど）を，まず個人で付箋紙（7.5cm × 7.5cm）1 枚に 1 項目ずつ書き出してもらい，それをもとに，4～5 人のグループで前述した KJ 法の要領で分類させた。その上で「非行少年を作るための 10 か条」を各グループで作成させた。その後，ふりかえり，わかちあいを行って第 22 回の授業は終了した。第 23 回の授業では，前回の授業を踏まえ，非行と家族の関わりについて，前週に受講者が作成した「非行少年を作るための 10 か条」と関係づけながら，最近の非行少年の態様や社会の耳目を集めた重大な非行に及んだ少年の生育歴を取り上げ，そこで見える家族のあり方について理解を深めてもらった。

担当者から講義を行った。

（シ）第 24 回〈思春期の子どもを持つ家族の通知票作り〉

a　担当者が意図していたねらい

思春期の子どもとその親とのよりよい関係作りのために重要な点を考えてもらうことを目的としたが，子どもの立場と親の立場の中間点にいる者が大勢を占める状況を活用して，その両方の課題を関連づけ，現状の自己の親子関係を再点検する場とすることもねらいとした。

b　授業の進行

「家族の自己採点リスト作り」として，まず国際理解教育・情報資料センター訳『ME YOU and OTHERS Class and Group activities for development　わたし，あなた，そしてみんな　人間形成のためのグループ活動ハンドブック』で紹介されている「10 代の子どもを持つ親のための自己採点リスト」[10] を受講者に提示した。これは，「①わたしは，独自性をもった人間として，自分の子どものことに関心をもっているということを伝えているだろうか？」，②「わたしは，子どものプライバシーを尊重する形で話し合いをする機会を持っているだろうか？」といった 13 項目のチェック項目について，はい，いいえで回答するもので，このような形で，「10 代の子どものための自己採点リスト」を受講者で作成してもらうこととした。

そのために，この両親のための自己採点表の項目を参考にしながら，個人作業として，子どものためのチェック項目を考えられるだけ付箋紙（7.5cm × 7.5cm）1

枚に1項目ずつ書き出してもらい，それをもとに，4〜5人のグループで前述したKJ法の要領で分類させた後，各グループで「10代の子どものための自己採点リスト」を作成させた。

その上で，子どものための自己採点リストについては自分自身について，冒頭に提示した親に対する自己採点リストについては自分の親についてチェックさせた上で，ふりかえり，分かち合いを行った。

(ス) 第25回　全体のふりかえり
　a　担当者が意図していたねらい

これまで25回実施した家庭教育の授業の最終回として，受講者自身の言葉で，学んできた自分自身，そして，この授業のあり方についてふりかえり，わかちあうことで，学んできたことを明確化することをねらいとした。

　b　授業の進行

「家庭教育のまとめ」と題したシートを受講者に記入してもらった。

その際，第1回の授業で用いた「家庭教育　授業のねらいづくり」シートを各受講者に返却し，受講者が記入した本授業へのねらいがどのように達成できたかどうかを受講者自身に明確にしてもらうようにした。

この記載を終えた後，第1回授業のねらいづくりの共有化を行う時に話し合った他の受講者（第1回配布シート欄外に分かち合いを行った受講者のサインを書いてもらっていたことを活用した）と分かち合う時間を持った。

その上で，「家庭教育のまとめ」のシートを提出してもらって，授業が終了した。

　c　具体的な受講者の記載内容

まず，自分自身の課題達成について，どのような記載されたかの一例を紹介したいと思う。そこで，第1回授業において授業のねらいの記載の例として紹介した受講者が，自分自身の課題をどのようにとらえているかを紹介する。

家庭教育　まとめ

氏　名　○○○○

1　自分自身のこと
(1) 授業第1回で記入した授業のねらいとした項目を書き写した上で，この

1年間の授業でどの程度達成されたかを，○，△，×などで自己評価し，その評価理由も記載してください。）

・自分というものをよりよく知りたい。
　（○　他人から見て，私はどう見えるかを聞いてみた。）

・他人とのうまい関わり合い方，つき合い方。
　（△　まだまだ初対面の人に人見知りしてしまったり，思ったことと反対の行動を取ったりしてしまった。）

・他人の立場に立って物事を考える，思いやる心。
　（×　相手の気持ちを理解する優しいキモチに欠けてる。）

・子どものしつけ方，子育て。
　（△　マニュアルなんてないということを学んだ。その家庭で一番大切にしていることはそれぞれちがう。）

・家族それぞれの関わり合い方。何か問題が起こった時の対処の仕方。
　（○　家庭内でもめごとが起こった時，家族どうしで話し合いをするように努めた。どう思っているのか，気持ちを聞き出そうと努力した。）

　この項目に続いて，この授業で学んだことを列記してもらい，100点満点で自己評価してもらうようにした。さらに，裏面に授業について，満足度，役立つか否か，印象に残った授業や実習，カリキュラム構成，担当者の授業方法や態度について記載してもらった。このうち，満足度と役立つか否かは6件法で記載してもらったが，受講者の評価の分布は次のとおりである（表6-4）。
　この評価について，それぞれに理由を記載してもらっており，体験から学ぶことで理解できたといったことや，コミュニケーションのあり方や家族のあり方を学ぶことが出来たという意見が見られた。ただし，このうち役立つか否かについて3と

表6-4　家庭教育の授業についての受講者からの評価

	1	2	3	4	5	6	
全く不満足	0	0	0	3	20	10	非常に満足
全く役に立たない	0	0	1	1	18	13	非常に役立つ

した受講者の評価理由は「体験できる授業スタイルで記憶に残りやすいとは思うが，そこで得たものを実生活で役立てているのか否かは全く自覚がない。無意識に私の行動が変容しているかも……とは思う」とあり，実生活への適用が課題であるという指摘もあった。

また，印象に残った授業や実習，カリキュラム構成，担当者の授業方法や態度について記載については，一つのテーマについて，実習とその後の小講義が数回の授業に分かれていたことについて，90分という時間的な制約があるのでやむをえないが，連続した方がわかりやすかったという指摘が33人中9人からあった。

(3) 考察

学校教育において，家族に関わる教育を組織的，意図的に行う場は，家庭科である。山田綾[11]は，家族についての授業が難しいとされる理由として，教えるべき家族像のゆらぎであると指摘しつつ，「実は，授業を『科学的に正しい』知識や技術を伝え，子どもはそれを受け取る過程である，ととらえるところに原因があるのではないだろうか」として，家族のあり方や望ましい家族像を伝える授業の問い直しを迫っている。その上で，山田はフレイレ（Freire, P.）が提唱した「銀行型教育」（知識偏重の伝統的な教育を比喩的に表現したもの。学生は金庫であり，教師は預金者として，金庫に知識や技術という預金を一方的に行う）から「課題提起型教育」を，つまり，「伝達・普及」から「対話」を重視した教育のあり方が今後の家族についての教育には重要であるとしている。

ここで取り上げた筆者の実践は，学習者自身が自己覚知と他者理解，そしてグループ理解を通して，家庭教育のあり方を考えることを目指したものである。そして，授業はラボラトリー・メソッドによる体験学習の手法を用いて，学習者相互の対話的な関係を重視したものである。この点において，まさに課題提起型の教育であり，人と人との関わりとして家族の関わりや子育てをとらえる視点が養えたと考える。当然ながら全てが達成できたという訳ではないが，このことは受講者が今後の家庭生活をどのように営むのかということが明らかになっていないことにも関係しているだろう。そして，ここで受講者自身が掲げた課題は受講生各自が今後の生活の中で引き続き持ち続けておくべき課題であり，そうした課題意識を持てたこと自体が大きな成果であるととらえている。

●注釈
1) 岡田忠男 「家庭教育の内容・方法」（日高幸男編 『現代家庭教育概論（第二版）』 同文書院 1985年 pp.115～149）
2) 日高幸男 「はじめに ―家庭教育の概念と歴史」（日高幸男編 『現代家庭教育概論（第二版）』 同文書院 1985年 p.3）
3) 森川早苗 「アサーション・トレーニング ―さわやかな自己表現」（相川充・津村俊充編 『社会的スキルと対人関係』 誠信書房 1996年 pp.201～222）
4) 平木典子 『アサーション・トレーニング ―さわやかな〈自己表現〉のために―』 日本・精神技術研究所 1993年
5) 森川早苗（前掲書）p.204
6) 津村俊充・星野欣生 『Creative Human Relations』VOL Ⅵ プレスタイム 1996年 pp.45～58
7) 津村俊充・星野欣生 『Creative Human Relations』VOL Ⅱ プレスタイム 1996年 pp.51～69
8) 日本の民俗学，文化人類学者川喜田二郎が考案した創造性開発の技法であり，ブレーン・ストーミングなどでは有用とされている。
9) 津村俊充・星野欣生 『Creative Human Relations』VOL Ⅵ プレスタイム 1996年 pp.59～72
10) Callister, E., N. Davis, & B. Pope, *Me You and Others Group activities for personal development*, Brooks Waterloo Publishers, 1988（ERIC国際理解教育・資料情報センター訳 『わたし，あなた，そしてみんな 人間形成のためのグループ活動ハンドブック』ERIC国際理解教育・資料情報センター 1994年）
11) 山田 綾 「学習観の問い直し」（鶴田敦子，朴木佳緒留編 『現代家族学習論』 朝倉書店 1996年 p.85）

第7章

家庭教育支援の課題

　前章ではラボラトリー・メソッドを活用した家庭教育支援の実践の特質を明らかにしてきた。この実践の特質は，参加者に対して自らの対人感受性を高め，対話的な関係を形成していく力を促進していく活動であり，自己覚知と他者理解，そしてグループ理解をテーマとしているものである。つまり，「いま・ここ」での生きた関係を通して，お互いにより自分らしい他者との関わり方を体験することが重視され，①自分や他者は，どのように考え，感じ，何を求めているか，②お互いにどのような影響を及ぼし合っているか，③自分たちのグループはどのように流れているかなどに気づきそれらを自分のいる場で，活かすことを試みる場を構成していくことである。今後は，こうした家庭教育支援があるべき方向性を具体的に実践していくことが求められる。そこで，こうした実践を広げていくために検討しておくべき課題を明らかにしたい。

第1節　家庭教育支援の対象となりにくい人への支援をめぐって

1. 拒否的な人への支援をめぐって

　ラボラトリー・メソッドによる教育にとって重要な点は，学習者の自発的な学習意欲である。この意味で，本研究で取り上げたラボラトリー・メソッドを活用した家庭教育支援はあくまでこうした学習機会を持とうとする意味においては積極的な学習者に対して，より効果的な学びを得てもらおうというものである。しかし，こうした家庭教育支援を真に必要としているのはこうした支援活動の対象者とはなろうとしない人，つまり消極的な学習者であるということも見逃してはならない。し

かし，消極的な学習者に対する支援活動の機会を得ること自体が難しく，こうした学習者に対する支援実践を明らかにすることはできなかった。この点は今後の実践における課題である。

　しかし，第3章で取り上げた家庭裁判所における親子合宿の実践は，こうした消極的な学習者に対する支援活動に示唆を与えてくれる。この親子合宿は参加者の同意を得て実施されるものであるが，参加する親子にとっては，家庭裁判所からの勧めに応じたという形で参加するものであり，必ずしも積極的な学習者とは言えないのである。実際，家庭裁判所からの勧めを拒否するケースも少なからず存在する。しかし，拒否するケースでも，こうした学習機会を提示していくという働きかけそのものが，親子関係に影響をもたらすものとしての意味があるのである。

　ここでこのことを筆者に明確に示してくれたケース示す事例を紹介してみよう。

　問題を繰り返すある少年と，見放しつつある状況にあった父母に対して，親子合宿への参加を提示した。すると，母は父に行ってもらいたいとの意向を示したが，本人と父は他の参加者もいることなどを理由に拒否し，結果的に参加しなかった。しかし，父は少年の面接に必ず同伴するようになり，親子合宿の日程と同じ時期に父が休暇を取り，2人でスキーに出かけるなどした。こうした経過の中で少年と父との関係改善が図られた。

　この事例では，親子合宿自体には参加しなかったが，親子合宿を提示することで，子どもの問題を解決するためには，親と子という関係が動くことが必要だと提示する形となった。さらに，参加を拒否する中で，参加の代替案をどうするかという課題に家族が直面することになった。その結果が偶然ながら親子合宿と同じ日程で行ったスキーだったと言える。こうした動きは，単に題目として親子関係を調整しないといけないということを当事者に訴えるのではなく，親子合宿という具体的なメニューを当事者に提示することによって，家族自体に，互いに学びの主体であることを伝えていくことができたのである。この意味からも，参加しなければ支援活動は展開しないと考えるのではなく，こうした活動への参加を促していくことも家庭教育支援活動であるととらえていくことが大切である。そのためにも，こうした家庭教育支援活動が日常的に身近な地域活動の中で展開していくことが望まれる。

第1節　家庭教育支援の対象となりにくい人への支援をめぐって　　181

2. 職場における家庭教育支援をめぐって

　次に，これまで参加対象となりにくかった人として，父親の存在は見逃せない。家庭教育＝母親というイメージがあったり，また第6章で取り上げた家庭教育学級でも，平日午前に開催するといった形態から，父親の参加はほとんど期待できないのが現状である。このため，父親は概念としては家庭教育支援の対象者であるということは認識されながらも，実際の教育機会が乏しいという状況である。このことについて，さらに父親の子育て参画等を促進する啓発活動や学習機会の拡充が施策としても重要になっている。実際にも，夜間に家庭教育学級を開催するといった工夫も重要であるし，企業の研修の中に育児や家庭教育という内容を盛り込むことも検討されている[1]。しかし，本研究で明らかにしたように，今日の家庭教育の課題は，家族間のコミュニケーションに焦点が当たっており，親の対人関係能力が問われていると言えよう。その意味では，単に家族内でのコミュニケーションだけに止まらず，一つの組織の中で共通する課題であるととらえることができる。その意味では，育児や家庭教育について啓発する学習機会を持つことよりも，職場における組織開発プログラムを積極的に展開することが重要であると考える。こうした組織開発プログラムは，ラボラトリー・メソッドによる人間関係トレーニングの一つの領域としてこれまで展開されてきた。しかし，そこでの学びは職場の活性化といった点でのみとらえられていたのではないだろうか。しかし，職場における組織開発プログラムにおいても，他者との関わりを学びの対象としているであり，そこで得た態度を家族との関わりにおいても反映させていくことができれば，家庭教育支援活動と言えるのではないだろうか。つまり，学ぶ場や学ぶ対象は職場と家族というように異なっているが，学んでいることは共通であるととらえるのである。この共通する学びとは，「いま・ここ」でお互いが生きたかかわりを体験することを通して，自己そして他者がどのように動き，感じ，考えているか，お互いにどのように影響し合っているかに気づき，どうありたいかを考え，そのことに向けた行動を試みることなのである。

　このことは，ラボラトリー・メソッドによる学習機会をデザインする者にとって，教育とは学習者の部分的な知識や技術を高めるものではなく，学習者にとってあらゆる場面で転移可能な対人関係における態度の学習であるという認識を持っておくことが必要であることを示しているのである。この意味においても，父親の学習機

会を新たに設けることと同時に，父親自身の日常的な活動の場での学びが家族との関係の中に反映することであるという認識を父親自身にいかに伝えることができるかということを課題として認識する必要があるだろう。この点については職場における組織開発プログラムと家庭教育支援活動との関連について研究を進めていくという課題が残されている。

第2節　家庭教育支援者養成の必要性

1. 家庭教育支援者養成の現状と課題

　文部省では，家庭教育支援室を設置した1998（平成10）年に発行した「平成10年度　我が国の文教施策」（いわゆる教育白書）において「第4節　心の教育の基礎となる家庭教育の充実」の項目で次のように述べている。
　「多様な学習機会の提供とともに，家庭教育を支援するための環境整備を図るため，『家庭教育子育て支援推進事業』を推進し，都道府県が実施する①家庭教育に関する情報提供，相談体制の整備，②家庭教育支援者の育成や研究会の開催などを通した子育て支援ネットワーク作りの支援，③ボランティア活動や創作活動などを親子で一緒に体験する機会の充実，④家庭教育における父親の役割の重要性について理解と関心を深め，父親の家庭教育への参加の支援・促進を図るための事業に対して文部省が助成する。」
　このうちの②に記載されている家庭教育支援者の育成についてその現状と課題を明らかにするのが本節の目的である。
　そこで，全国で展開されている家庭教育支援者養成の事業の一例として，WEBページとして公開している事業についてその実践の実情を把握することとした。
　まず，I町公民館が主催する子育てサポーター養成講座[2]を見てみよう。
　そこでは次のような構成となっている。
　　第1回　心理教育カウンセラーによる子育て講演会
　　第2回　自主保育実践者による「あそび」の実践教室
　　第3回　ソーシャルワーカーによる子育て支援相談事業の現場からの実践報告
　　第4回　子育てサークルのリーダーよる子育てサークルの現状と課題に関する講演

また，G市中央公民館が主催する子育てサポーター養成講座を見てみる。ここでは，「地域ぐるみの子育て支援の一員として，自分の子育て体験を活かすために，更なる向上への研修の場とする。子育てサポーターとして，子育てサロン等における，具体的な実践活動への技量を高める講座である」とその趣旨が示された上で，次のようなカリキュラムが構成されている。

第1回 「子育てに童話を活かす」（講演）
第2回 「乳幼児期の音感教育」（講義）
第3回 「家庭教育について」（講義）
第4回 「地域でのボランティア活動について」（講義）

次に文部科学省生涯学習政策局政策課地域政策室で紹介している「わがまちの特色ある取り組みの紹介」（2001年度，2002年度）で紹介されている埼玉県新座市での「ひろげよう！ 地域の子育てサポート ～子育て支援ネットワーク事業～」[2]を見てみよう。

ここでは，地域ぐるみで子育てを支える「子育てサポーター」を養成するために年間2回講座を開設している。その内容は，育児ジャーナリスト，幼児教育学を専門とする大学の助教授，家庭児童相談員などを招き，「支え合う地域の子育て」をテーマに「今時の母親事情と子育て」や「子どもの発達と子育て支援」，また，市内の児童相談状況のデータを分析するなどの講義となっている。

この三つの養成講座に共通する特徴は，養成講座の内容が講義主体となっていることである。ただし，三つ目に取り上げた取り組みについては，文部科学省が設置している「今後の家庭教育支援の充実についての懇談会」においても，「地域における子育て支援の充実のための方策について」という議題を検討する際に事例として発表されている[3]。子育てサポーター養成事業について，事例発表した新座市の担当者から「講座では，プレおばあちゃんと同じ世代の育児ジャーナリスト，子育ての最前線の調査をしている若手の研究者の方に来ていただいたり，家庭児童相談員などに地域の子育ての実態を話してもらったりしている。また，導入プログラムとして，実習と称してサポーターとの交流をしてもらい，やってもらえそうなことを見ている。また，サロンなどの終了後には互いにアドバイスして，チームで質を維持しようとしている」といった発言があることに注目したい。この発言から分かるように，単に講座として講演を聞くだけではなく，サポーターとの交流など実践

に対する研修も行われていることが分かる。

　それぞれの養成講座のねらいが,「具体的な実践活動への技量を高める」というものであれば,講義とともにサポーターとしての具体的な働きかけについての学習の機会が必要であると考える。そういう意味で,新座市の実践では運用面でカバーしているとはいえ,養成講座のカリキュラムとしては実践的な教育プログラムを表に出すことが必要であるのではないだろうか。

　この点について,カウンセリングの演習を取り入れたカリキュラムを構成している養成講座も見られる。

　例えば,S県では,子育てサポーター養成・研修講座として,子育て経験者や家庭教育に関心のある人等を対象に,家庭教育に関する専門的知識やカウンセリングに関する知識,技能の習得および資質の向上を図るための講座を実施している。この講座のカリキュラムは次の通りである。

　第1日　講義1　臨床心理士による「家庭教育の今日的課題」についての講義
　　　　　実践交流　「地域における子育てネットワークの形成」について市町村・幼稚園の実践発表
　第2日　講義2「電話相談機関から見える子育ての現状と課題」
　　　　　講義3「子どもの発達と心理」
　第3日　講義4「遊ぶ子,遊べない子」
　　　　　講義5「カウンセリングの意義と役割」
　第4日　演習1「カウンセリングの実践」
　第5日　講義6「児童虐待の現状と子育て支援」
　　　　　講義7「子育てサポーターに期待されること」

　また,N県教育委員会が主催している家庭教育サポーター養成研修会は,家庭教育に関する専門的な理論や技法について研修を行い,家庭教育の様々な問題に関わる相談に対しての適切な対応及び地域において家庭教育支援ができる人材を養成することを目的として,次のようなカリキュラムで実施している。

　第1日　開校式
　　　　　講義1「N県の家庭教育施策」
　　　　　コミュニケーションアイスブレーキング
　　　　　カウンセリングの基礎1

第2日　講義2「幼児期・児童期の子どもの心と理解」
　　　　カウンセリングの基礎2
第3日　講義3「思春期の子どもの心と理解」
　　　　活動紹介1（親子遊び，子育てサークル）
　　　　事例から学ぶ1「発達障害を持つ子どもへの理解と援助」
第4日　活動紹介2（子育てサポーターの活動）
　　　　事例から学ぶ2「いじめ・不登校の理解と援助」
　　　　カウンセリングの実際1演習
（この間に，夏休み期間中となり，自主レポートを作成する）
第5日　グループトーク（夏休み期間中の自主レポートの報告会）
　　　　事例から学ぶ3「非行の理解と援助」
　　　　カウンセリングの実際2　演習
第6回　活動紹介3（電話相談活動から）
　　　　事例から学ぶ4「県相談所の施設紹介と現状」
　　　　カウンセリングの実際3　演習
第7回　講義4「心を育む」
　　　　まとめのワークショップ
　　　　閉校式

　このようにS県の養成講座では1回，N県の養成講座では3回のカウンセリング演習をカリキュラムの中に取り入れている。家庭教育支援活動はまさに対人援助活動であり，その意味では，臨床心理学などの専門的な知識を活用し個々の事例に関わるために，カウンセリング技能を高める教育，訓練を受けることは家庭教育支援者養成にとっては重要である。しかし，本研究で明らかにしてきたように，家庭教育支援者にとっては，グループにおける受容や共感といった人間関係形成を支援するといった，いわばグループ・ワークの専門的な知識や技能を修得することも必要であるのではないだろうか。

2. 家庭教育支援者養成に対する提言
(1) ファシリテーターとしての家庭教育支援者
　前項では家庭教育支援者養成の現状を例示した上で，その課題としてグループ・

ワークに関する知識や技能を修得することが必要であると結論づけた。これは，家庭教育支援者としては，学習の場で起こる様々な人間関係に促進者としての立場で関係し，学習者相互の関係，いわばグループとしての人間関係のプロセスに「介入する」存在でなければならないということを示している。こうした人間関係に介入する存在であるためには，そこには，家庭教育支援者自身の主体性，対人関係能力，課題解決への姿勢の向上が必要であり，家庭教育支援者は人間関係に関わる専門家としての自覚と能力が必要であると考える。そこで，家庭教育支援者に対しては，基礎的なカウンセリング能力が必要であると考えるが，ここでいうカウンセリング能力の育成とは，出発点としては，個々の家族メンバーからの相談に応じる必要性から出てきたものだとしても，それだけに止まらず，家庭教育支援活動全体として，支援活動に参加するメンバーの主体性，対人関係能力，課題解決の姿勢の向上のために有用であると位置づけることが必要である。そのためには，家庭教育支援者のカウンセリング能力というのは，一対一のカウンセリング関係を想定したカウンセリング能力を基盤としながらも，集団内での多面的な対人関係をベースにした能力であると考えるべきである。そして，それはラボラトリー・メソッドによる人間関係トレーニングの目指す方向性と同一である。

ラボラトリー・メソッドによる教育の場では，教育を行うものをファシリテーターと呼ぶ。これは，促進者（facilitator）としての教育者の立場を明確にしたものである。Tグループの場面では，トレーニングを実施する人という意味でトレーナーと表現することもあるが，訓練者というニュアンスが強すぎるとして，学習を促進（facilitate）する人という意味合いを強調するためにファシリテーターと呼ばれることが多くなってきている。つまり，学習する主体はあくまで学習者であり，教育を実施する側は学習者の主体的な学習を促進し，支援する立場であることを明確に表現したものと言える。

ファシリテーターとしての具体的な役割について，柳原は，①研修全体の運営，管理の責任者，②グループ・プロセスの観察者，③グループ・プロセスの援助者，④スケジュールの管理者，⑤実習や講義の提示者であると指摘している[4]。

このうち，①，④については学習のねらいに応じて，プログラムの流れや位置づけを考えるといった大きな枠組みをデザインし，それを学習の状況に応じて柔軟に変更しながらも運営していくという学習の場自体を設定する役割である。この枠組

みを設定するということには，二つの意味合いがある。一つには「心理的，空間的な意味での守りとしての枠」であり，もう一つは「固い制約としての枠」というものである。ラボラトリー・メソッドによる教育では日常生活の中にある固く小さな枠を取り外すことを大切にするが，「守りとしての枠」までもなくしてしまうのではない。この「守りとしての枠」は，学習者が自由に動くことが出来るだけの枠，つまり「体験するための枠」なのである。ファシリテーターの役割は，「固い制約としての枠」を作るのではなく，学習者自身の主体的な学習を促進するために，学習のねらい，学習者の状況に応じて，どのような「守りとしての枠」としてのトレーニングデザインを形成していくのかということが重要である。

　一方，②，③，⑤については，「守られた枠」の中で学習者の主体的な学習を促進するための手だてとしての役割である。すなわち，グループの状況（特にプロセスへの着目が不可欠である）を理解し，学習者の主体性を尊重しながら，学習者との関係の中に入り，学習者自身の体験からの学びを促進するという学習の場の中での役割である。これは，前にも触れたが，心理療法の中で面接者-被面接者関係の鍵概念としてサリヴァンが述べた「関与しながらの観察（participant observation）」[5]と同じことを述べているものである。このことを踏まえて，ファシリテーターとしての役割を考えると，観察だけでは学習の促進者とは言えないし，観察に基づかない関与は学習者の主体性を損なう危険性を持っている。そこで，ファシリテーターは，グループのプロセスを観察したことに基づいて，適切なタイミングと適当なレベルで，学習者の学習を促進するための具体的な動きとして「介入（intervention）」していくことが必要なのである。

(2)「介入」ということ

　「介入」とは，集団や組織が目標に向かって問題を解決していく際に，その過程を促進するために，何らかの形で，その集団や組織に関わっていくプロセスを言うものである。特に，ラボラトリー・メソッドによる教育の場面では，学習者の気づきを大切にすることから，その気づきを促進する働きかけとして介入は重要な意味を持っている。この介入には次の六つの機能がある。

　① グループの中で「いま，ここ」で起こっているプロセスに目を向け，それを

受け止める態度を形成すること。
② 抑圧しがちな感情を表現することやそうした表現を受容すること。
③ 日常の価値観にとらわれず実験的な行動を取ることに許容的な場の形成を促進すること。
④ 自由な新しい価値感情や行動を実践する学びの風土を形成すること。
⑤ 効果的なコミュニケーションや問題解決の方法を導入すること。
⑥ 創造的な抵抗感のない態度行動の変化などを形成すること。

　横山定雄はこのファシリテーターの介入について「徐々に（傍点筆者），『いま，ここで』起きていることをメンバーが感じ取るように，十分なグループ活動や効果的なコミュニケーションや適切な問題解決行動を妨げている要因について明確化し，それについてメンバーが何らかの洞察をするような発言」[6]であると定義している。ここで，「徐々に」というところに傍点を付していることについて触れてみたい。この「徐々に」というのは，初期のセッションからファシリテーターが介入していくことにより，メンバーはファシリテーターからの介入があるものという暗黙の前提が形成されるのを防ぐということを意図しているのである。

　こうした「介入」は，メンバーの自主的な学習を促進するというラボラトリー・メソッドによる教育においては，重要な意味を持ってくる。しかし，適切で有効な介入は，それを行う場の状況に依存的であるため，一般的技術的な基準を設定することは難しい。

　星野は，この介入を①指示的な介入，②参加的な介入，③委任的な介入，④放任的な介入の四つに分類している[7]。①の指示的な介入はファシリテーターの側から一方的に指示，教示していくもので，ファシリテーターの意図がそのまま実現していくことが出来るものであるが，学習者自身の主体性，自主性を無視したものとなりやすい。また，④の放任的な介入はファシリテーターは全く介入せず，学習者を放任しておくものである。ラボラトリー・メソッドによる教育を取り入れた学習においては，①でも④でもない介入が基本的には適切であろう。②の参加的な介入とは，学習者のニーズを中心とするもので，ファシリテーターが積極的に自分自身が持つねらいと学習者のニーズを表明し合うことで関係を形成していくものである。一方，③はファシリテーターは学習者が求めてきた時だけに働きかけを行うというものである。この②も③も，ファシリテーターのねらいは持ちながらも，あくまで

学習者中心の学習を進めていくということを念頭に置いている。先に，一般的技術的な基準の設定の難しさは述べたが，こうした分類を見ると，ファシリテーターの介入とは，決して人を操作することでなく，学習者主体の学習を促進するというものである。この前提に立って星野は，介入についての基本的な考え方として次の10個の項目を挙げている。

① 介入は学習者の側に立ってなされる。
② 介入することで学習を妨げてはならない。
③ 介入は，学習者が，学習のねらいを達成する方向でなされる。
④ ファシリテーターは必ず介入しなければならないと思うことはない。
⑤ 介入は，実習の進行にそった形で，自然になされるのが望ましい。
⑥ 介入は，学習者との応答を通してなされるものである。
⑦ 介入において，評価的な応答は禁物である。
⑧ 介入は，プロセス中心になされる。
⑨ 介入は，データに基づいてなされる。
⑩ 介入は関係作りである。

　これは，とかく状況に依存しがちで客観化されにくいという体験集団の中でのファシリテーターの動きを明確化するものであり，ラボラトリー・メソッドによる教育における介入の役割を端的に言い表したものと言えよう。教育場面における働きかけを考えるにあたって，学習者自身の主体的な学習を促進する手だてとして，この学習者中心の介入の考え方は重要である。
　さらに，教育場面での介入を考える上では，Tグループ発達の様式とその変遷を研究したベニス（Bennis）が介入のレベルを，内容の次元，行動の次元，防衛反応の次元，不安の次元という四つの水準に分類している[8]ことを踏まえておくことが必要である。すなわち，教育場面での介入は，内容レベルのものが中心となっており，時には行動レベルに及ぶことはあるが，防衛，不安といった感情表出のレベルでの介入は抑制的になりがちなことである。これは，学習場面が認知的な事柄を取り扱うことが主題となっていることに起因するものであろう。学習場面においても，個人の防衛反応や不安はたえず機能しており，家庭教育支援活動における情動的な

動きには，こうしたことが集団のプロセスに与える影響が大きいが，それらのことは学習場面では個人的なこととして取り扱うべきではない。参加したメンバーの感情表出をグループにおける関係性促進の手がかりとしてとらえるべきなのである。

　この意味において，家庭教育支援者は学習者の感情表出を促進し，グループにおける関係性の促進を支援の素材として対人援助活動を行うものであると言える。そこで必要な資質は，家庭教育に関する理論，支援対象としての家族に対する理解，援助技術だけではなく，援助関係におけるコミュニケーションのあり方，すなわち「いま，ここ」での対人関係に起こっているプロセスを観察し，理解し，適切な介入をする能力を養うといった実践的な態度学習が不可欠である。こうした関係性の学習は，グループという生きた中に自分がいて，関わりを持って，実際に試されないと学ぶことができない。そのためには家庭教育支援者養成においてもラボラトリー・メソッドによる学習を通して，知識学習，そして，対象者をどのように援助していけばよいのかという援助技術の実技学習だけではなく，援助していく自分と他者との関係性のあり方を学んでいくことが必要である。

●注釈
1) 文部省中央教育審議会第一次答申「21世紀を展望した我が国の教育の在り方について」1996年
2) 文部科学省生涯学習政策局政策課地域政策室　「わがまちの特色ある取り組みの紹介　ひろげよう！地域の子育てサポート～新座市子育て支援ネットワーク事業～　埼玉県新座市」URL:http://chiiki-www.mext.go.jp/torikumi/18.html
3) 文部科学省今後の家庭教育支援の充実についての懇談会　「今後の家庭教育支援の充実についての懇談会（第2回）議事要旨」
　　URL:http://www.mext.go.jp/b_menu/shingi/chousa/shougai/007/gijiroku/001/011001.htm
4) 柳原　光『Creative O.D －人間のための組織開発シリーズ－』Vol I　行動科学実践研究会　1976年　pp.6～7
5) Chapman, A.H., *The Treatment Techniques of Harry Stack Sullivan*, Brunner/Mazel, Inc, 1978.（作田勉監訳，『サリヴァン治療技法入門』星和書店　1979年 pp.1～24）
6) 横山定雄『センシティビティ・トレーニング』同文館 1965年 p.143
7) 星野欣生「介入ということ　－構造化された実習において－」（津村俊充・山口真人編 『人間関係トレーニング』ナカニシヤ出版　1992年　pp.144～147）
8) Bradford, L.P., J. R. Gibb & K. D. Benne（Eds.）, *T-Group theory and Laboratory Method*, John Wiley & Sons, 1964.（三隅二不二監訳『感受性訓練』日本生産性本部　1971年　pp.331～369）

おわりに

　ここに，初めての単著として本書を公刊することができたのだが，これまでの18年にわたる筆者と家族臨床との関わりのプロセスが反映されているものであり，筆者にとっての大きな一里塚となったものと考えている。

　筆者は，1986年から1999年まで13年間家庭裁判所調査官（家庭裁判所調査官補としての2年も含む）として，非行のある子どもとその家族に対する援助や離婚，子どもの親権をめぐる問題など，家族の紛争の渦中にいる子どもや家族に対する援助に取り組んできた。

　この家庭裁判所調査官としての実務の中で，1992年，非行を犯してしまった少年とその保護者数組に対して，親子合宿と名付けた2泊3日の合宿に参加してもらうことを始めることとなり，その実践に大きく関わることになった。

　第3章でも取り上げたが，この親子合宿は，少年と保護者それぞれに，これまでの親子関係を見直し，新たな親子関係を構築していくことをねらいとしているものだが，家庭裁判所調査官の側から一方的にこうしたねらいを押しつけても，それは本質的な変化に結びつかない。当然ながら参加する親と子ども自身が，自らの親子関係に気づき，主体的に変化していくことを促していくことが必要であった。そうした親子合宿の基本的な枠組みについての考え方やそこでのプログラム進行にあたっては，ラボラトリー・メソッドによる体験学習法の理論や様々な実習を活用することとなった。

　この親子合宿に取り組んでいくことに並行して，筆者自身もTグループやTグループのトレーナートレーニングを受けるという体験を通して，体験学習法の考え方を用いることで，対人関係の改善や成長といった点で効果的であること，特にプロセス重視の考え方が自己や他者の思考，行動，感情に気づいていくために必要不可欠な視点であると考えるようになっていた。さらに，こうした成果を，親子合宿といった特定の構造の中での活用に止まらず，より一般化した形で，具体化することはできないかと考えるようになっていた。そうしたところに，社会人受け入れを

始めた大阪教育大学大学院教育学研究科実践学校教育専攻修士課程に入学し，「体験学習法に立脚した教育方法論 ―人間関係トレーニングの理論として」と題した修士論文を作成した。さらに，この大阪教育大学大学院での学生（といっても社会人）間のつながりがきっかけとなり，京都ノートルダム女子大学へ転職することとなった。

そこで，これまでの非行臨床での経験をベースにしつつ，対象を少し広げて，より一般化した形として，家庭教育支援といった領域で，対人関係的な成長を促す教育のあり方を模索するようになったのである。そうした中，いわゆる夜間大学院である武庫川女子大学大学院臨床教育学研究科博士後期課程に入り，今回の論文をまとめるに至ったのである。

そのため，本書の構成が，非行臨床から出発し，家庭教育支援といった領域での教育のあり方を考えるという流れになっているが，これはまさに筆者自身の歩みがそのまま反映されたものとなっているのである。

冒頭にも述べたが，本書は，2002年度武庫川女子大学臨床教育学研究科学位請求論文『ラボラトリー・メソッドを活用した家庭教育支援の方法論』に基づき，加筆修正を行った上で，公刊するに至ったものであるが，こうした過程を経て産まれてきた本書であるだけに，本書の一部は学位請求論文執筆前に，これまでの臨床実践を踏まえ発表してきた論文を再構成したものである。さらに，本書を発刊することになったのが，学位請求論文から1年以上を経過してのこととなったため，その後，学位請求論文を一部を生かして，発表した論文もいくつか本書に先行して公刊されることとなった。

そこで，学位請求論文として再構成するもののみならず，この学位請求論文後に，この論文の一部を生かして発表した論文についても含めた形で，学位請求論文に関連している各論文の初出を以下に挙げておくこととした。

- 第1章第1節「現代社会における家族の状況」については，これをもとにして「非行臨床における家族援助」と題して，京都ノートルダム女子大学心理臨床センター編『心理・福祉のファミリー・サポート』（金子書房，2003年）に収録されたものの一部となっている。
- 第2章第1節「非行動向が示す子どもの状況」は，「非行の低年齢化と子どもの生活環境」と題して，西川信廣編著『学校再生への挑戦』（福村出版，2000年）に収録されたものをもとにしたものである。

なお，本節については，これをもとにして，前掲「非行臨床における家族援助」と題して，京都ノートルダム女子大学心理臨床センター編『心理・福祉のファミリー・サポート』（金子書房，2003年）に収録されたものの一部となっている。
- 第2章第2節「非行事例から見る子どもの課題」は，「IT（情報技術）革命時代における家庭教育の在り方 ─いわゆるコンピュータ犯罪に至った子どもの事例が示すもの─」として『家庭教育研究』第6号（日本家庭教育学会，2001年）及び「非行の低年齢化と子どもの生活環境」と題して，西川信廣編著『学校再生への挑戦』（福村出版，2000年）のうち「非行のある子どもの生活環境」の2つの論文において行った事例研究をもとにしたものである。
- 第3章第1節「非行事例が示す家族支援の有効性」は，「家族が非行から立ち上がるとき」と題して，京都ノートルダム女子大学編『家族のかたち』（金子書房，2002年）において行った事例研究をもとにしたものである。
- 第3章第2節「非行臨床における親への教育的支援活動」は，「子育て支援活動としての「家族グループ」の展開 ─非行からの立ち直りを支援することを中心として─」と題して，『子供の躾（しつけ）を考える』（財団法人公共政策調査会，2000年）に収録されているものの一部をもとにしたものである。
- 第4章第1節「家庭教育支援の展開及び動向」については，これをもとにして「家庭教育学級の課題 ─「家庭教育支援」の場として─」『家庭教育研究』第8号（日本家庭教育学会，2003年）の一部となっている。

  なお，本節については，「家庭教育支援はどこに向かうのか」と題して，京都ノートルダム女子大学人間文化学部生活福祉文化学科編『生活へのまなざし』（ナカニシヤ出版，2004年）に収録されたものの一部となっている。
- 第4章第2節「家族臨床と家庭教育支援」は，「家族福祉の援助技術」と題して，相澤譲治・栗山直子編『家族福祉論』（勁草書房，2002年）に収録されているものの一部をもとにしたものである。
- 第4章第3節「支援対象としての家庭教育」は，「人間関係的視点に立った「家庭教育」の概念 ─臨床家庭教育学序論─」と題して『京都ノートルダム女子大学研究紀要』第30号（2000年）（論説資料保存会編『教育学論説資料』第20号 第5分冊増刊号［2003年］に採録）に収録されているものの一部をもとにしたものである。
- 第5章第2節「教育方法としてのラボラトリー・メソッドの位置づけ」は，

194　おわりに

　　「グループ・アプローチとしてのTグループとエンカウンター・グループの比較」と題して『京都ノートルダム女子大学研究紀要』第32号（2002年）に収録されているものの一部をもとにしたものである。
・　第6章第1節「ラボラトリー・メソッドを用いたコミュニケーション・トレーニング」は，「人間関係トレーニングとしての家庭教育プログラムの開発，実践の一例　―体験学習法によるアサーション・トレーニング―」と題して，『臨床教育学研究』第7号（武庫川女子大学大学院臨床教育学研究科，2001年）に収録されているものである。
・　第6章第2節「社会教育における家庭教育支援の実践」については，これをもとにして「家庭教育学級の課題　―「家庭教育支援」の場として―」『家庭教育研究』第8号（日本家庭教育学会，2003年）に収録されたものの一部となっている。
・　第6章第3節「学校教育の場での実践例」は，「大学における体験学習法を活用した家庭教育プログラムの実践」と題して，『教育のプリズム』第1号（学校法人ノートルダム女学院編，2002年）に収録されているものである。

　次に，本研究において残された課題，すなわち筆者がこれから取り組んでいくべき検討課題について触れておく。
　それはラボラトリー・メソッドを活用した家庭教育支援における効果測定の問題である。第6章では実践例を取り上げたが，数値的にその効果を検証してこなかった。しかし，現状では，ラボラトリー・メソッドを活用した家庭教育支援活動は広く導入されていない以上，特に数値的な効果測定によって，ラボラトリー・メソッドによる家庭教育支援の実効性を実証することは非常に困難である。そして，全般的な研究動向として，家庭教育支援活動についてその効果を実証した研究成果は乏しく，まだ萌芽的な段階に止まっていると言わざるをえない。そのため，当面は，こうした教育実践を広く活用してもらい，様々な角度から有効性を明らかにすることが中心となるものと考える。
　なお，筆者としては，家庭教育支援の効果は，まさに家族の中で行われる，ごく日常的なコミュニケーションの中で表れるものであると考えている。その結果，家族間の関係性が変化するのであるが，それは徐々に変化するものであり，短期的な

結果は見えにくいものであると考える。そう考えると、ラボラトリー・メソッドによる家庭教育支援の有効性を実証するために、支援活動直後に効果測定を行うことは妥当ではないと考える。とすれば、時間をかけてその結果を検証することになるが、家族は日々、様々な面で互いに影響を受けながら生活しており、単にラボラトリー・メソッドを活用した家庭教育支援の効果のみを抽出してその効果を実証することは非常に困難であると考えるのである。

　そうした意味からも、数値的なデータによる実証性よりも、個別的な事例を取り上げていくことや、こうした支援活動を通して、自分はどのような効果があったのかという支援を受けた人自身がその支援をどのように受け止め、意味づけをしているかに焦点を当てた質的な研究に力点を置いていきたいと考えている。

　最後に、本研究を行うにあたり、武庫川女子大学大学院臨床教育学研究科において3年間にわたり、常に暖かく、かつ数々の有益なご指導をくださった白石大介先生には心から感謝申し上げたい。特にこの間、白石先生が、癌の手術を受けられ、それを見事に克服された中で、絶えず心のこもったご指導をいただけたことは言葉では言い尽くせないほどの感謝の念で一杯である。
　また、副査として有益なご助言を賜った新堀通也先生、河合優年先生、倉石哲也先生にも心から感謝申し上げたい。それぞれの先生方からは専門的な見地からご指導いただいたことによって、本研究が幅広い視点からとらえることができたものと思っている。

　また、本書刊行に際しては、きめ細かなアドバイスをしていただいたナカニシヤ出版の宍倉由高編集長のご尽力によるところが大きく、厚くお礼を申し上げたい。
　そして、本書で明らかにしたように、家族間の関わりが大切であると述べながら、本研究をまとめることに忙殺され、子育てへの父親の参加が充分ではないという、ややもすれば矛盾した状況にある家族の状況を支えてくれた妻裕子、そして長女千紗、長男耕平、二男啓介に心より感謝する。

2004年晩秋に
山 本 智 也

参考文献

※非行臨床及び家庭教育支援に関連するもの
- Ackerman, N. W. (Eds.), *Exploring the base for family therapy*, Family Service Association of America, 1961.（岩井祐彦訳 『家族治療の基礎理論』 岩崎学術出版社 1969年）
- Ackerman, N. W., *Psychodynamics of Family Life*, Basic Book, 1958.（小此木啓吾・石原 潔訳 『家族関係の理論と診断』 岩崎学術出版 1967年，小此木啓吾・石原 潔訳 『家族関係の病理と治療』 岩崎学術出版 1970年）
- 相澤讓治・栗山直子編 『家族援助論 全体としての家族へのサポート』 勁草書房 2002年
- Berg, I. K., *Family-based services : a solution-focused approach*, W. W. Norton, 1984.（磯貝希久子監訳 『家族支援ハンドブック ―ソリューション・フォーカスト アプローチ―』 金剛出版 1997年）
- Dewey, J., *The School and Society*, 1915.（宮原誠一訳 『学校と社会』 岩波書店 1957年）
- 平木典子 『アサーション・トレーニング ―さわやかな〈自己表現〉のために―』 日本・精神技術研究所 1993年
- 廣瀬隆人・澤田 実・林 義樹・小野三津子 『生涯学習支援のための参加型学習のすすめ方～「参加」から「参画」へ～』 ぎょうせい 2000年
- 広田照幸編 『〈理想の家族〉はどこにあるのか？』（〈きょういく〉のエポケー第1巻） 教育開発研究所 2002年
- 藤原英夫・塩ハマ子編 『家庭教育学級の開設と運営』 全日本社会教育連合会 1965年
- Goleman, D., *Emotional Intelligence*, Brockman Inc., 1995.（土屋京子訳 『EQ～こころの知能指数』 講談社 1996年）
- 後藤雅博編 『家族教室のすすめ方』 金剛出版 1998年
- 飯田哲也 『家族と家庭 ―望ましい家庭を求めて―』 学文社 1994年
- 伊藤めぐみ 「家庭教育「奨励」施策の問題点」（月刊社会教育第46巻第4号） 国土社 2002年
- 伊藤隆二 『こころの時代の教育』 慶應通信 1989年
- 皆藤 章 『生きる心理療法と教育 ―臨床教育学の視座から』 誠信書房 1998年
- 梶田叡一 『たくましい人間教育を』 金子書房 1986年
- 亀口憲治 『家族臨床心理学 ―子どもの問題を家族で解決する』 東京大学出版会 2000年
- 亀井浩明・有園 格・佐野金吾編著 『中教審答申から読む21世紀の教育』 ぎょうせい 1996年
- 神田橋條治 『追補 精神科診断面接のコツ』 岩崎学術出版社 1995年
- 柏女霊峰・山縣文治編著 『新しい子ども家庭福祉』 1998年
- 河合隼雄 『臨床教育学入門』 岩波書店 1995年

・小林　剛・皇　紀夫・田中孝彦編　『臨床教育学序説』　柏書房　2002年
・国立教育会館社会教育研修所編　『社会教育指導者の手引　家庭・学校・地域の連携・融合のすすめ』　ぎょうせい　1998年
・倉石哲也・稲荷康二　「グループワークを活用した非行少年の保護者への指導・援助－学童期の初期非行を考える親の会の実践活動」（最高裁判所事務総局家庭局『家庭裁判月報』第54巻第7号　2002年　pp.81～131）
・Lave, J. & E. Wenger, *Situated Learning*, Cambridge University Press, 1981.（佐伯　胖訳『状況に埋め込まれた学習』産業図書　1993年）
・松居　和　『21世紀の子育て―日本の親たちへのメッセージ―』　エイデル研究所　2001年
・Miller, J. P., *The Holistic Curriculum*, OISE press, 1988.（吉田敦彦・中川吉春・手塚郁恵訳『ホリスティック教育　―いのちのつながりを求めて―』　春秋社　1994年）
・宮原誠一　『教育学ノート』　河出書房　1956年
・水島恵一　『教育と福祉』（人間性心理学大系　第4巻）　大日本図書　1987年
・文部省社会教育局　『家庭教育講座』（第一輯）　1934年
・文部省　『現代の家庭教育　―乳幼児期編―』　ぎょうせい　1984年
・文部省　『現代の家庭教育　―小学校低・中学年期編―』　ぎょうせい　1987年
・文部省　『現代の家庭教育　―小学校高学年・中学校期編―』　ぎょうせい　1989年
・文部省　『明日の家庭教育シリーズ1　みんなで担う共働き家庭』　第一法規出版　1994年
・文部省　『明日の家庭教育シリーズ2　親子が育つ家庭［共学び，共育ち］』　第一法規出版　1995年
・文部省　『明日の家庭教育シリーズ3　父親を考える』　第一法規出版　1996年
・文部省　『明日の家庭教育シリーズ4　家庭ではぐくむ［生きる力］』　第一法規出版　1997年
・文部省　『明日の家庭教育シリーズ5　親の子離れ，子の自立』　第一法規出版　1998年
・文部省　『家庭教育手帳』　大蔵省印刷局　1999年
・文部省　『家庭教育ノート』　大蔵省印刷局　1999年
・文部省第15期中央教育審議会　「21世紀を展望した我が国の教育の在り方について（第1次答申）」　1996年
・文部省第15期中央教育審議会　「21世紀を展望した我が国の教育の在り方について（第2次答申）」　1997年
・文部省教育課程審議会　「教育課程の基準の改善の基本方向について（中間まとめ）」　1997年
・森岡清美・望月　嵩　『新しい家族社会学』　培風館　1983年
・無藤　隆　『体験が生きる教室』　金子書房　1994年
・日本家族心理学会編　『学校臨床における家族への支援』　家族心理学年報19　金子書房　2001年
・西川信廣編著　『学校再生への挑戦』　福村出版　2000年
・野々山久也編　『家族福祉の視点』　ミネルヴァ書房　1992年
・岡堂哲雄　『家族カウンセリング』　金子書房　2000年
・岡堂哲雄編　『家族心理学の理論と実際』（講座家族心理学第6巻）　金子書房　1988年
・岡堂哲雄編　『家族心理学入門』　培風館　1999年
・岡村重夫・黒川昭登　『家族福祉論』　ミネルヴァ書房　1971年

- Reppucci, N. D., P. A., Britner, & J. L. Woolard, *Preventing child abuse and neglect through parent education*, Paul H.Brookes Pub, 1997.
- 佐伯　胖「文化的実践への参加としての学習」(佐伯　胖・藤田英典・佐藤　学編『学びへの誘い』[シリーズ「学びと文化」1] 東京大学出版会　1995 年　pp.1 ～ 48)
- 佐伯　胖『「学ぶ」ということの意味』岩波書店　1995 年
- 埼玉県立精神保健総合センター心理教育グループ編　『心理教育実践マニュアル』 金剛出版　1996 年
- 佐々木譲編　『「非行」が語る親子関係』岩波書店　1999 年
- 佐藤悦子「グリーフワークの同伴者としての家族ソーシャル・ワーク　―家族福祉試論 (7) ―」『立教大学社会福祉研究紀要』第 16 号　立教大学社会福祉研究所　1997 年
- 佐藤　学「学びの対話的実践へ」(佐伯　胖・藤田英典・佐藤　学編『学びへの誘い』東京大学出版会　1995 年　pp.49 ～ 91)
- 志賀　匡『家庭教育学』福村出版　1968 年
- 白石大介『対人援助技術の実際　―面接技法を中心に―』創元社　1988 年
- Siroka, R. W., E. K. Siroka & G. A. Schloss, *Sensitivity Training and Group Encounter*, Grosset & Dunlap, 1971. (伊東　博・中野良顕訳『グループエンカウンター入門』 誠信書房　1976 年)
- 杉浦美朗『デューイ教育学の展開　新しい学力のために』八千代出版　1995 年
- 庄司洋子・松原康雄・山縣文治編『家族・児童福祉』有斐閣　1998 年
- 生島　浩『非行少年への対応と援助』金剛出版　1993 年
- 高橋重宏・網野武博・柏女霊峰編著『ハイライト子ども家庭白書』川島書店　1996 年
- 玉井美知子編『新しい家庭教育』ミネルヴァ書房　1993 年
- 東京都教育庁『第 24 期東京都社会教育委員の会議　第 1 回専門部会』2000 年
　 (URL:http://www.kyoiku.metro.tokyo.jp/gijiroku/syakyou1senn.pdf)
- 続　有恒・高瀬常男『教育学叢書第 11 巻・教育指導』第一法規　1971 年
- 鶴田温子・朴木佳緒留編著『現代家族学習論』朝倉書店　1996 年

※ラボラトリー・メソッドによる体験学習に関連するもの
- 安彦忠彦・愛知県新城市立東郷東小学校編『「ふりかえり」のある授業』明治図書　1997 年
- 相川　充・津村俊充編『社会的スキルと対人関係』誠信書房　1996 年
- Bradford, L. P., J. R.Gibb & K. D. Benne (Eds.), *T-Group theory and Laboratory Method,* John Wiley & Sons, 1964. (三隅二不二監訳『感受性訓練』日本生産性本部　1971 年)
- Brown, G. I., *Human Teaching For Human Learning -an introduction to Con-fluent Education*, The Viking Press, 1971. (金子孫市訳『人間性を培う教育　―合流教育への入門書―』日本文化科学社　1975 年)
- Brown, G .I., *Innovation through Confluent Education and Gestalt*, The Viking Press, 1975. (入谷唯一郎・河津雄介訳『よみがえった授業　―知識と感情を統合した合流教育―』学事出版　1980 年)
- Buber, M., *Ich und Du*, 1923. (植田重雄訳『我と汝・対話』岩波書店　1979 年)

- Chapman, A. H., *The Treatment Techniques of Harry Stack Sullivan*, Brunner/Mazel, Inc., 1978. (作田勉監訳 『サリヴァン治療技法入門』 星和書店 1979年)
- Conye, R. K., *The Group Worker's Handbook -Varieties of Group Experience*, Charles C Thomas Publisher, 1985. (馬場禮子監訳 『ハンドブック　グループワーク』 岩崎学術出版社 1989年)
- Ferguson, M., *The Aquarian Conspiracy*, St.Martin's Press, 1980. (堺屋太一訳 『アクエリアン革命』 実業之日本社　1981年)
- ホリスティック教育研究会編 『実践　ホリスティック教育』 柏樹社　1995年
- 星野欣生 「学ぶ，かかわる，成長する」(『人間関係』第14号　南山短期大学人間関係研究センター　1997年　pp.60～65)
- 伊東　博 『ニュー・カウンセリング』 誠信書房　1983年
- 伊東　博・藤岡完治・人現会 『こころとからだの体験学習』 明治図書　1988年
- John, J. E. & J. W. Pfeiffer (Eds.), *The 1973 manual handbook for group facilitators*, San Diego, CA:University Associates, 1973.
- Johnson, D. W., *Circles of learning : cooperation in the classroom*, Association for Supervision and Curriculum Develop ment, 1984.
- Johnson, P. E., *Personality and Religion,* Abingdon Press Tennessee, 1957. (小野泰博訳 『我と汝　その心理学的考察』 誠信書房　1967年)
- 梶田叡一 「振り返りはなぜ大切か」(人間教育研究協議会編 『振り返り　―自己評価の生かし方―』 金子書房　1994年　pp.5～10)
- 國分久子・片野智治 『エンカウンターで学級が変わる　Part2　小学校編』 図書文化　1997年
- 國分久子・片野智治 『エンカウンターで学級が変わる　Part2　中学校編』 図書文化　1997年
- 國分康孝 『エンカウンター』 誠信書房　1981年
- 國分康孝編 『構成的グループ・エンカウンター』 誠信書房　1992年
- 国谷誠朗 「講義録「Tグループと私，そして」2000年9月」 日本ラボラトリートレーナーの会　2002年
- Luft, J., *Group Processes: An Introduction to Group Dynamics*, Mayfield Pub, 1984.
- 中村雄二郎 『臨床の知とは何か』 岩波書店　1992年
- 人間教育研究協議会編 『振り返り』 金子書房　1994年
- 岡田　弘編 『エンカウンターで学級が変わる　小学校編』 図書文化　1996年
- 岡田　弘編 『エンカウンターで学級が変わる　中学校編』 図書文化　1996年
- 岡堂哲雄編 『グループ・ダイナミクス』(現代のエスプリ第131号) 至文堂　1978年
- 大村英昭・野口裕二編 『臨床社会学のすすめ』 有斐閣　2000年
- 恩田　彰編 『講座・創造性の教育2　創造性の開発と評価』 明治図書　1970年
- 太田　堯 『教育研究の課題と方法』 岩波書店　1987年
- Pettman, R., *Teaching for Human Rights Pre-school and Grades 1-4,* Australian Goverment Publishing Service, 1986. (福田弘監訳 『幼児期からの人権教育　―参加体験型の学習活動事例集―』 明石書店　2002年)

・Pfeiffer, J. W., *Reference Guide to Handbook and Manuals*, SanDiego, CA : University Associates, 1990.
・Rogers, C. R., *Freedom to Learn*, Merrill Publishing Company, 1969.（友田不二男編、伊藤博・古屋健治・吉田笄子・手塚郁恵訳 『創造への教育』上巻 岩崎学術出版社 1972年）
・Rogers, C. R., *Freedom to Learn*, Merrill Publishing Company, 1969.（友田不二男編、伊藤博・古屋健治・吉田笄子・手塚郁恵訳 『創造への教育』下巻 岩崎学術出版社 1976年）
・Rogers, C. R., *Carl Rogers on Encounter Group*, Harper & Row, 1970.（畠瀬 稔・畠瀬直子訳 『エンカウンター・グループ』創元社 1982年）
・Rogers, C. R., *Freedom to Learn for the 80's,* Bell & Howell company, 1983.（友田不二男訳 『新・創造への教育』Ⅰ巻 岩崎学術出版社 1984年）
・Rogers, C. R., *Freedom to Learn for the 80's,* Bell & Howell company, 1983.（友田不二男訳 『新・創造への教育』Ⅱ巻 岩崎学術出版社 1984年）
・Rogers, C.R., *Freedom to Learn for the 80's,* Bell & Howell company, 1983.（友田不二男訳 『新・創造への教育』Ⅲ巻 岩崎学術出版社 1985年）
・三枝孝弘編 『学校と教育方法』 講談社 1981年
・坂野公信他 『新グループワークトレーニング』 遊戯社 1997年
・佐藤 学 『教育方法学』 岩波書店, 1996年
・Schein, E. H. & W. G. Bennis, *Personal and Organizational Change through Group Methods : The Laboratory Approach*（Part Ⅰ～Ⅱ）, John Wiley & Sons, Inc., New York, 1965.（伊東 博訳編 『T・グループの理論』 岩崎学術出版社 1969年）
・Schein, E. H. & W. G. Bennis, *Personal and Organizational Change through Group Methods : The Laboratory Approach*（Part Ⅲ～Ⅳ）, John Wiley & Sons, Inc., New York, 1965.（古屋健治・浅野 満訳編 『T・グループの実際』 岩崎学術出版社 1969年）
・関 計夫 『感受性訓練』 誠信書房 1965年
・関 計夫 「Tグループと学校教育」（『教育と医学』第16巻10号 慶應通信 1968年 pp.47～51）
・津村俊充編 『子どもの対人関係能力を育てる』 教育開発研究所 2002年
・津村俊充 「社会的スキルの訓練」（菊池章夫・堀毛一也編 『社会的スキルの心理学』 川島書店 1994年 pp.220～241）
・津村俊充・楠本和彦編 『体験学習実践研究』創刊号 南山大学 2001年
・津村俊充・星野欣生 『Creative Human Relations』Vol Ⅰ プレスタイム 1996年
・津村俊充・星野欣生 『Creative Human Relations』Vol Ⅱ プレスタイム 1996年
・津村俊充・星野欣生 『Creative Human Relations』Vol Ⅲ プレスタイム 1996年
・津村俊充・星野欣生 『Creative Human Relations』Vol Ⅳ プレスタイム 1996年
・津村俊充・星野欣生 『Creative Human Relations』Vol Ⅴ プレスタイム 1996年
・津村俊充・星野欣生 『Creative Human Relations』Vol Ⅵ プレスタイム 1996年
・津村俊充・星野欣生 『Creative Human Relations』Vol Ⅶ プレスタイム 1996年
・津村俊充・星野欣生 『Creative Human Relations』Vol Ⅷ プレスタイム 1996年

- 津村俊充・山口真人編 『人間関係トレーニング』 ナカニシヤ出版 1992年
- 植田重雄 「「われ」と「なんじ」の出会い」（『教育と医学』第29巻11号 慶應通信 1968年 pp.83〜86）
- 鷲田清一 『「聴く」ことの力―臨床哲学試論』 TBSブリタニカ 1999年
- Wehr, G., *Martin Buber*, 1968.（児島洋訳『ブーバー』理想社 1972年）
- 柳原 光 「ラボラトリー方式による人間関係訓練 ―特にセンシティビィティトレーニングについて―」（『教育と医学』第12巻2号 慶應通信 1964年 pp.10〜17）
- 柳原 光 「主体的体験学習の方法 ―ラボラトリートレーニング総論―」（『教育と医学』第16巻10号 慶應通信 1968年 pp.4〜13）
- 柳原 光 『Creative O.D ―人間のための組織開発シリーズ―』VolⅠ 行動科学実践研究会 1976年
- 柳原 光 『Creative O.D ―人間のための組織開発シリーズ―』VolⅡ 行動科学実践研究会 1977年
- 横山定雄 『センシティビティ・トレーニング』 同文館 1965年

人名索引

あ
朝倉喬司　29
アッカーマン（Ackerman, N. W.）　78
安彦忠彦　131
飯田哲也　14
池本美香　90
伊東　博　123
インガム（Ingham, I.）　85
ヴィゴツキー（Vygotsuky, L. S.）　98
上野千鶴子　72
ウォルピ（Wolpe, J.）　147
大塚義孝　80
岡田忠男　145
岡堂徹雄　79

か
小野　修　56
皆藤　章　9
梶田叡一　131
カプラン（Caplan, G.）　91
河合隼雄　9, 94
神田橋條治　142
コーニン（Conyne, R. K）　87, 108
ゴールマン（Goleman, D.）　29
國分康孝　123
小玉亮子　72
ゴンバーグ（Gomberg, M. R.）　78

さ
佐伯　胖　83, 98
坂野公信　123
佐々木譲　38
佐藤悦子　51

佐藤　学　98
サリヴァン（Sullivan, H. S.）　142
澤野由紀子　72
塩ハマ子　62, 160
生島　浩　59
新堀通也　82
鈴木久美子　90

た
高橋重郷　6
高橋重宏　74
玉井美知子　81
津村俊充　93
デューイ（Dewey, J.）　98

な
中村雄二郎　12
野島一彦　56

は
ハルトマン（Hartman, A.）　77
日高幸男　80
平木典子　147
ブーバー（Buber, M.）　100
藤原英夫　62, 160
フレイレ（Freire, P.）　177
フロイト（Freud, S.）　98
ベネ（Benne, K. D.）　102
星野欣生　93
ホリス（Hollis, F.）　76

ま
水島恵一　94

宮原誠一　84
森岡清美　14
森川早苗　147

や
柳原　光　85, 93
山田　綾　177
山手　茂　85
吉澤克彦　123
吉村浩一　12

ら
ラザラス（Lazarus, A.）　147
ラバーテ（L'Abate, L.）　74
ラフト（Luft, J.）　85
レヴィン（Lewin, K.）　102
ロジャーズ（Rogers, C.）　102

わ
若林敬子　6
鷲田清一　10

事項索引

あ
アイスブレイク　149
アサーション　147
明日の親のための学級　66
あるべき家族像　ii, 63
EQ（Emotional Quality）　29
生きる力　66, 141
1.57ショック　5
「いま，ここ」（here & now）　8
エコマップ　77
エンカウンター・グループ　102
円環的因果律　79
援助　16
エンゼルプラン　5, 68
O. L. T（On the Life Training）　163
O. J. T（Off the Job Training）　134
Off-J. T（Off the Job Training）　135
親子合宿　46
親同士の話し合い　54

か
介入　187
仮説化　127
家族　13
　——グループ　58
　——システム理論　78
課題提起型教育　177
家庭教育　15, 80
　——学級　65, 156
　——支援　15, 61
　——支援室　16, 66
　——支援者　182
　——振興策　62
　——手帳　71
　——ノート　71
家庭裁判所調査官　41
感受性訓練　93
関与しながらの観察（participant observation）　142

銀行型教育　177
ぐ犯行為　19
グループワーク・トレーニング　123
グループワークグリッド　87, 108
系統学習　98
合計特殊出生率　4
構成的グループ・エンカウンター　123
コンテント　129

さ
支援　16
　　──サービス　75
試験観察　41
自己開示　87
思春期セミナー　66
指摘　127
社会学級　63
重大少年事件の実証的研究　37
集団としての家族　78
17歳問題　1
小講義　133
情緒の交流　145
情報の交換　145
触法行為　19
ジョハリの窓　85
新エンゼルプラン　5
全体としての家族　76
促進サービス　74

た
体験　127
体験学習　122
　　──の循環過程　127
対人関係的成長　89
直線的因果律　79, 109
Tグループ　102

トリートメントサービス　75

な
ニュー・カウンセリング　123
乳幼児学級　66
人間関係トレーニング　95
人間関係の4つの次元　96

は
働く親のための学級　66
母親学級　63
犯罪行為　19
非行　19
フィードバック　87
ふりかえり　130
プロセス　129
分析　127
保護サービス　75

ま・や
学び方を学ぶ（Learning How to Learn）
　139
学びのドーナッツ論　83
問題解決学習　98
予防サービス　74
よりよき家族像　ii, 63

ら・わ
ラボラトリー・メソッド　11, 93
臨床教育学　9
臨床哲学　10
臨床の知　12
ロールプレイ　148
わかちあい　131
われ－それ　100
われ－なんじ　100

著者紹介

山本智也（やまもと・ともや）
京都ノートルダム女子大学助教授
博士（臨床教育学）家族心理士
1986年神戸大学教育学部卒業。家庭裁判所調査官として，少年による非行
　や家族のさまざまな紛争に関わる事件の調査を行う（1999年まで）。
1998年大阪教育大学大学院教育学研究科実践学校教育専攻修士課程修了。
1999年京都ノートルダム女子大学講師（専任）となり，2002年から現職。
2003年武庫川女子大学大学院臨床教育学研究科博士後期課程修了。
専攻：家庭教育学，家族援助論，臨床教育学
著書：『生活へのまなざし』（共著，ナカニシヤ出版，2004）
　　　『心理・福祉のファミリー・サポート』（共著，金子書房，2002）
　　　『家族福祉論』（共著，勁草書房，2002）
　　　『家族のかたち』（共著，金子書房，2002）
　　　『学校再生への挑戦』（共著，福村出版，2000）

非行臨床から家庭教育支援へ
―ラボラトリー・メソッドを活用した方法論的研究―

2005年2月20日　　初版第1刷発行　　　　　定価はカヴァーに表示してあります

著　者　山本智也
発行者　中西健夫
発行所　株式会社ナカニシヤ出版
　　　　〒606-8161　京都市左京区一乗寺木ノ本町15番地
　　　　　　　　　Telephone　075-723-0111
　　　　　　　　　Facsimile　075-723-0095
　　　　　　Website　http://www.nakanishiya.co.jp/
　　　　　　Email　iihon-ippai@nakanishiya.co.jp
　　　　　　　　　郵便振替　01030-0-13128

装幀＝白沢　正／印刷＝ファインワークス／製本＝兼文堂

Copyright © 2005 by T. Yamamoto
Printed in Japan
ISBN4-88848-929-7